무엇하느냐?

사무엘하 강해3

무엇하느냐?

2014년 4월 5일 초판 1쇄 발행
지은이 서임중
발행처 도서출판 선교횃불
등록일 1999년 9월 21일 제54호
등록주소 서울시 송파구 백제고분로 27길 12(삼전동)
전 화 (02) 2203-2739
팩 스 (02) 2203-2738
이메일 ccm2you@gmail.com
홈페이지 www.ccm2u.com

무엇하느냐?

사무엘하 강해3

서임중 지음

신교횃불

머리말

사이 좋은 형제가 있었습니다.
하나님이 동생을 더 사랑한다는 것 때문에
형이 화가 났습니다.
괜스레 동생이 미웠습니다.
하나님도 원망스러웠습니다.
그렇다고 하나님을 향해 어떻게 할 수 없는 형은
어느 날 동생을 들판으로 데려가 돌로 쳐 죽였습니다.

천연스럽게 형은 전과같이 들판에서
단을 묶으면서 일을 했습니다.
하늘에서 하나님이 형을 불렀습니다.
"얘야, 네 아우가 어디 있느냐?"
형은 동생을 자기 손으로 죽여 놓고
오히려 얼굴을 붉히고 하늘 향해 소리칩니다.
"내가 내 아우를 지키는 자입니까?"

하나님은 안타까워 하시면서

조용히 형에게 다시 물었습니다.

"네가 무엇을 하였느냐?"

"네 아우의 핏소리가 내게 들림은 어찜이냐?"

그래도 뉘우치지 않는 형에게

하나님은 슬픈 마음으로 아픈 결정을 했습니다.

너는 저주를 받은 자니라.

그런데 우리들도 형처럼 살아갑니다.

나보다 훌륭한 동생이 싫고

하나님의 사랑받는 동생도 싫었습니다.

그래서 동생을 죽입니다.

생각으로 죽입니다.

말로 죽입니다.

어제도 오늘도……

네가 없이는 나도 없습니다.

그런데도 우리는 너 없이도 잘 살아가는 줄 압니다.

너 없으면 더 행복하리라 생각합니다.
그래서 오늘도 동생을 미워하고 죽입니다.
그런데 오늘 지금 여기서
하나님은 우리에게 물으십니다.
"네가 무엇을 하고 있느냐?"

너의 유익을 위해 행동하는 것이 사랑입니다.
사랑은 주고 또 주어도 주고 싶은 것입니다.
그래서 주님이 말씀하셨습니다.
너를 사랑하여 내가 채찍 맞고
너를 위하여 십자가에서 죽었노라.
내가 행한 것처럼 너도 행하기를 원한다.
너는 무엇을 하고 있느냐?

사무엘하 강해를 마쳤습니다.
서른 다섯 해 목회도, 포항중앙교회에서의 20년 사역도 내려놓습니다.

사무엘하 강해를 하면서

다윗의 삶을 통해 내가 무엇을 하는가를 깨닫게 되었습니다.

다윗을 통해 우리 모두가 무엇을 해야 하는가를 깨달을 수 있었으면 좋겠습니다.

그리고 기도합니다.

"주님 앞에 서는 그 날까지 주여 여전히 함께하여 주옵소서." 아멘

목회를 마무리하는 2014년 봄에
포항중앙교회 목양실에서
서임중 목사

차 례

1
올바른 판단과 선택(1)

"왕이 일어나 성문에 앉으매"
〈사무엘하 19:1~8 중〉

로마의 황제로서 AD 313년에 기독교를 로마의 종교로 공인하고 최초의 기독교인이 된 황제가 콘슨탄틴 대제입니다. 그의 본래 이름은 '플라비우스 발레리우스 아우렐리우스 콘스탄틴(Flavius Valerius Aurelius Constantinus, A.D 280 ~ 337)' 이라는 긴 이름입니다.

콘스탄틴은 로마 군대 장교였던 아버지 콘스탄티우스 클로루스(Constantius Chlorus)와 어머니 헬레나(Helena)의 아들로 AD 280년 2월 27일에 태어났습니다. 헬레나는 동방의 해방된 노예로서 미인이었고 또 독실한 기도교인이었습니다. 그런 어머니로부터 콘슨탄틴 대제가 많은 영향을 받았다는 것은 누구도 부인하지 않습니다.

AD 313년에 선포된 밀라노 칙령(Edict of Milan)은 기독교에 관한 관용정책입니다. 이 칙령이 선포된 때로부터 기독교는 로마 제국 내에 있는 다른 종교들과 함께 법률 앞에서 동등한 대우를 받게 되었습니다.

콘슨탄틴 대제의 기독교도로의 전환점이 되는 이야기는 많습니다. 그 가운데 이번 본문 말씀과 관련된 올바른 판단과 선택을 새삼 생각하게 하는 이야기가 있습니다.

기독교를 국교로 선포했던 콘스탄틴 대제는 물론 기독교인이 아니었습니다. 그는 법으로 금지해 놓은 기독교를 믿는 사람들이 백성들뿐만 아니라 자신의 신하들 중에도 많다는 것을 알았습니다. 그들을 모두 색출해냈습니다. 그리고 그들에게 말했습니다. "기독교를 포기하지 않는다면 너희 모두는 관직을 잃는다."

그 말을 들은 대부분의 기독교인들은 관직을 포기했습니다. 그러나 또 몇몇은 신앙을 포기하고 관직을 택하기도 했습니다.

이 때 콘스탄틴 대제는 그들의 표정을 유심히 관찰했습니다. 그런데 관직을 포기하고 신앙을 선택한 신하들의 표정에는 기쁨이 가득했습니다. 묘하다는 생각을 했습니다. 이번엔 신앙을 포기하고 관직을 택한 신하들의 표정을 보았습니다. 그런데 관직을 선택한 신하들의 표정엔 근심걱정이 가득 서려 있었습니다. 여기서 콘스탄틴 대제는 기독교가 옳은 종교라는 판단을 하게 됩니다. 그래서 자신의 마음을 바꿉니다. 관직을 버리고 기독교를 선택한 신하들을 복직시키고 그 반대의 신하들은 모두 관직에서 몰아냈습니다.

콘스탄틴은 그 자신이 어머니의 영향을 받기도 했지만 전쟁 중에 환상을 보고 승리하게 되는 사건이 생깁니다. 그는 그 승리를 주신 분이 그리스도 예수라는 사실을 깨닫습니다. 그리고 그는 기독교를 정당한 종교로 선포하고 선정을 베풂으로 하나님의 도구로 귀하게 쓰임을 받았습니다.

올바른 판단은 올바른 선택의 시작입니다. 바른 판단을 하지 못하면 그 다음의 모든 것은 무질서로 이어집니다. 이와 같은 판단에 있어 중요한 것은 그 판단 기준이 무엇이냐 하는 것입니다.

역사의 위대한 인물의 판단기준은 언제나 하나님의 말씀이었습니다. 그러나 항상 자기 자신이 판단의 기준이 되는 것은 사단의 역사입니다.

하나님의 말씀을 판단기준으로 삼을 때는 마음이 평안하고 즐겁습니다. 그러나 자신의 생각이 판단의 기준이 될 때는 그 마음이 편하지를 않습니다. 불안합니다. 기쁨이 없습니다.

이와 관련된 성결말씀이 사도행전 4:19에 있습니다.

"베드로와 요한이 대답하여 이르되
하나님 앞에서 너희의 말을 듣는 것이
하나님의 말씀을 듣는 것보다
옳은가 판단하라."

초대교회가 부흥할 때였습니다. 베드로와 사도 요한이 힘 있게 복음을 증거하던 시기였습니다. 그때 대제사장을 비롯한 관리들이 예수님에 대하여 한 마디도 말하지 말라고 협박했습니다. 그 때 베드로와 요한이 그들을 향하여 외친 말이 이 말씀입니다.

국가적으로나 사회적으로, 그리고 교회적으로나 가정적으로 또 개인적으로 판단을 잘못하면 돌이킬 수 없는 죄를 범하게 됩니다. 그러므로 판단은 확실하고 분명하게 해야 합니다. 판단이 잘못되면 의인이 죄인이 되고 죄인이 의인이 되기도 합니다. 무슨 판단을 하든지 사적인 감정이 앞서거나 마음이 분노로 가득할 때 내리는 판단은 온전할 수 없습니다.

그래서 양심이 귀하다고 했습니다. 그래서 말씀이 귀하다고 했습니다. 그래서 기도가 귀하다고 하는 것입니다. 사심 없는 올바른 양심과 말씀과 기도가 우리의 삶을 윤택하게 하는 바른 판단과 선택을 할 수 있게 합니다.

이번 본문의 내용은 이렇습니다.

전쟁 중에 압살롬이 죽었다는 소식을 들은 다윗의 슬픔은 말로 다 할 수 없는 것이었습니다. 다윗의 그 슬픔이 온 성중에 가득 채워져 갔습니다. 전쟁의 승리로 백성들이 기뻐해야 할 상황이었지만 왕의 슬픔으로 인하여 백성들까지 슬픔에 잠기게 된 것입니다.

백성들은 전쟁의 승리에 대하여는 한 마디도 할 수가 없었습니다. 다윗은 큰 소리로 압살롬의 이름을 부르며 통곡만 하고 있었습니다. 참으로 무거운 광경입니다.

이 때 요압 장군이 다윗을 만나러 들어갔습니다. 그리고는 죽을 각오를 하고 진언을 합니다.

“왕을 죽이려는 압살롬이 죽고 나라가 평정되었으며 왕의 생명과 온 가족들의 생명이 살게 되고 백성들이 기뻐하는 상황이 되었습니다. 그런데 왕께서 이렇게 압살롬의 죽음 때문에 울고만 계신 것은 이 나라 백성들의 얼굴을 부끄럽게 하는 것입니다. 지금 왕이 보이고 계시는 모습은 미워하는 자를 사랑하고 사랑하는 자를 미워하시는 것이며 지휘관과 부하들을 멸시하시는 것입니다. 한 마디만 더 하겠습니다. 전쟁 중에 압살롬이 살고 우리 백성들이 다 죽었으면 왕이 마땅히 기뻐하실 뻔하였습니다. 그러나 진언하옵건데 이제 일어나 백성들을 위로하십시오. 그렇지 않으면 백성들은 왕과 함께 하지 않을 것이고 그 화는 지금까지 당한 것보다 더욱 심할 것입니다.”

다윗은 정신이 번쩍 들었습니다. 자신의 옹졸함을 깨달았습니다. 그리고 잠언 12:15의 말씀이 묵상되었습니다.

“미련한 자는
자기 행위를 바른 줄로 여기나
지혜로운 자는 권고를 듣느니라.”

다윗은 곧 밖으로 나가 성문 앞에 앉았습니다. 그러자 온 백성이 다윗에게로 나아왔습니다. 그를 대적했던 이스라엘은 각기 장막으로 도망을 갔습니다. 이렇게 다윗이 아들을 잃은 슬픔을 내려 놓으면서 바위에 눌린 것 같은 무거움은 장면이 바뀌며 본문이 마감 됩니다.

국정을 책임진 왕으로서 옳지 않은 일을 했습니다. 아무리 아들이지만 반역을 일삼다가 죽임을 당한 역적 압살롬의 죽음 때문에 온 나라가 무겁도록 슬픔에 빠져 있었습니다. 이것은 자신의 사적인 감정을 정리하지 못해 온 백성들의 목숨을 건 전쟁의 승리를 부끄럽게 한 행위였습니다.

물론 인간에게는 본능적으로 자신의 자식에 대한 집착과 애착이 있습니다. 그렇다고 그 판단기준이 자기 일 개인이 되어서는 안 된다는, 전체를 생각하라는 교훈의 말씀이 본문입니다.

성경의 깊은 메시지는 나타난 현상에서만 드러나는 것이 아닙니다. 가볍게 지나치기 쉬운 이면에도 보화가 되는 메시지의 흐름이 있습니다. 그것을 놓치면 안 됩니다. 그러므로 압살롬의 죽음으로 인하여 통곡하는 다윗의 마음의 본질이 무엇인가를 깨달아야 합니다.

다윗의 통곡의 슬픔은 죄인이 죄 중에서 회개하지 않고 구원받지 못하고 죽어가는 것을 아파하고 슬퍼하는 것입니다. 이것은 비록 죄인이지만 그가 죄인으로 죽은 것을 결코 기뻐하지 않는다는 것을 나타내시는 하나님의 마음의 표현입니다.

그것을 깨달을 때 우리는 다윗의 이 슬픔을 올바로 헤아리게 됩니다. 그리고 곧 바로 우리의 믿음의 울타리 밖에 있는 가족들을 생각하게 되는 것입니다.

그런 다윗이었지만 다윗의 삶은 오직 말씀 중심이었습니다. 요압의 충고는 지당한 것이었습니다. 압살롬의 죽음으로 인하여 다윗이 아파하고 슬퍼하는 것은 분명 사적인 문제였습니다.

지도자는 사적인 일로 인하여 공적인 사명을 중단해서는 안 됩니다. 공사(公私)를 분별할 수 없는 사람은 지도자라고 할 수 없습니다.

1997년 5월 18일 주일은 제가 청와대에서 설교를 했던 날입니다. 토요일 저녁에 지정된 숙소에서 저녁 9시 뉴스를 시청하는데 대통령님의 아들이 구속되는 보도가 방송되었습니다.

다음 날 아침 예배를 드리러 나오시는 김영삼 장로님의 얼굴은 힘든 모습이 역력했습니다. 아무리 국가 최고 지도자이지만 아버지로서의 마음까지 숨길 수는 없기 때문입니다.

예배 전, 인사를 드리면서 "어젯밤 뉴스를 보았습니다. 많이 힘드시지요?" 라고 말씀을 건넸습니다. 그 때 대통령이기도 하지만 장로님다운 말씀을 한 마디 하셨습니다.

"나라가 바로 세워지는 일에 사사로운 마음을 가져서는 안 되지요. 잘못이 있으면 대통령의 아들이라도 면죄 될 수는 없습니다."

달리 위로의 말씀을 드릴 수가 없어 성경적으로 위로의 말씀을 드렸습니다.

"오늘의 아픈 판단과 선택은 이 나라 법질서에 초석이 될 뿐 아니라 한 세월이 지나도 높이 평가 될 장로님의 결단이 되리라 믿습니다."

공사(公私)가 명확히 구별된 잊을 수 없는 사건이었습니다.

마태복음 16장에서도 비슷한 사건이 있습니다. 예수님께서 인류 구원의 역사적인 사명을 이루시기 위하여 십자가를 짊어지고 죽어야 하며, 그 후 3일 만에 살아나야 한다는 구속사의 비밀을 처음 말씀하셨을 때였습니다.

베드로는 주님의 죽으심이 말도 안 된다고, 그럴 수 없다고 항변했습니다. 그 때 예수님은 베드로에게 "사탄아 내 뒤로 물러가라. 너는 나를 넘어지게 하는 자로다."하며 호통을 치셨습니다.

베드로의 이 말은 사사로이는 얼마나 위로가 되고 인간적으로 얼마나 정이 넘치는 말인지 모릅니다. 그러나 하나님의 뜻을 이루는 거룩한 사역에 있어서 베드로의 이 말은 그야말로 사단이 키질 하는 말이라는 것을 아시는 주님이셨기 때문에 그토록 단호하게 책망을 하셨던 것입니다.

이 역시 공사(公私)를 분별하게 해 주는 메시지가 있는 교훈입니다.

리더십 강의의 한 토막을 소개하려고 합니다.

유명한 기업에서 신입사원을 모집하는데 시험응시 날짜가 추운 겨울 새벽 3시였습니다. 응시자들은 이상하다고 생각을 하면서도 명시된 3시에 집합 장소로 갔습니다. 그런데 그 시간에 해당 장소에는 문도 열려있지 않았고 직원도 한 사람도 보이지 않았습니다. 6시가 되고 7시가 되어도 회사 직원은 아무도 보이지 않았습니다. 여기저기서 불평이 쏟아져 나왔습니다. "이런 회사 뻔하다"고 돌아가는 사람도 있었습니다.

8시가 다 되어서야 직원 한 사람이 나오더니 문을 열고 시험지를 돌리는 것이었습니다. 그런데 문제가 달랑 한 줄이었습니다.

2 X 2 =?

시험문제를 받아든 사람들은 웅성거리기 시작하더니 여기저기서 말이 나오기 시작했습니다.

"아니 이건 완전히 사람 무시하는 거 아냐?" 화가 난 젊은이들 중에는 성질을 못 참고 그냥 돌아가 버리는 사람도 있었습니다. 마지막 남은 사람은 두서너 명뿐이었습니다. 물론 그 남은 사람이 모두 합격자였습니다.

이 정도 회사에 응시원서를 낼 정도면 실력들은 모두 대동소이한 수준급일 것이라는 판단에 몇 가지를 테스트 하고자 한 것이 회사의 방침이었습니다.

이른 새벽 3시까지 나오라는 것은 부지런함의 테스트였습니다.

밖에서 5시간을 기다리게 한 것은 인내심의 테스트였습니다.

그리고 시험 문제 2X2=?는 겸손을 테스트한 것이었습니다.

많은 생각을 하게 하는 이야기입니다. 이 이야기의 핵심은 판단과 선택입니다. 응시자들이 회사를 판단하고 선택하는 것이 아니라 회사가 응시자들을 판단하고 선택한다는 사실입니다. 그런데 불합격자들은 이것을 생각하지 못했다는 것을 강조하는 이야기입니다.

그것은 하나님과 우리의 관계에서도 마찬가지입니다. 우리를 판단하시는 분은 하나님이십니다. 그리고 그 판단은 한 치의 착오도 없습니다.

이사야 11:3~4은 예수님의 모습이 그려져 있는 말씀입니다.

여호와를 경외함으로 즐거움을 삼을 것이라 했습니다. 눈에 보이는 대로 심판하지 아니한다고 했습니다. 귀에 들리는 대로 판단하지 아니한다 했습니다. 공의로 가난한 자를 심판하신다고 했습니다. 정직으로 세상의 겸손한 자를 판단할 것이라고 했습니다.

이 삶이 오늘 저와 여러분의 삶의 기준이 되기를 바랍니다.

교회의 부흥이나 평안도 마찬가지입니다. 인품은 보지 않고 교회 일에 열심이라고, 믿음이 좋다고 지도자로 세웠는데 그 열심과 믿음이 식어지니 그야말로 그의 인격과 본성이 나타나며 낭패스러운 일이 벌어지는 교회가 한 두 교회가 아닙니다.

언제나 그렇지만 공동체의 평안과 행복은 잘 난 사람 때문이 아니라 성실하고 참을 줄 아는 인내와 겸손의 사람들 덕분입니다. 우리는 이것을 잘 알고 있습니다.

예수님께 있어서 왜 항상 베드로와 요한이라는 이름이 붙어 다닐까요? 모세에게는 왜 여호수아와 갈렙이라는 이름이 붙어 다니는 것일까요? 또 삼국지의 유비에게는 왜 관우와 장비라는 이름이 붙어 다니는 것이겠습니까? 참으로 많은 것을 생각하게 하는 역사입니다.

목회자 세미나에서 종종 받는 질문이 있습니다.

"왜 나에게는 큰 교회를 담임하게 하지 않습니까?"

"나는 정말 정직하게 말하면 대형교회 목사님보다 더 수고하고 고생하는데 왜 나는 이렇게 힘든 목회를 해야 합니까? 그 때 제가 하는 대답이 하나 있습니다.

"왜 나를 선택하지 않느냐고 불평 할 시간에 나를 선택할 수 있는 삶을 사십시오."

말씀을 마치겠습니다.

사람이란 누구나 일상에서 상황 판단을 항상 제대로 한다는 것이 그리 쉬운 일이 아닙니다. 물론 오래 전의 광고지만 오죽하면 "순간의 선택이 10년을 좌우 한다."는 광고가 나왔겠습니까.

전국 모든 교회 출입문에는 〈신천지 추수군 출입금지〉 전단지가 붙어 있습니다. 왜 그렇게 모든 교회가 신천지를 경계할까요?

상식적으로 보아도 이들의 작태는 참으로 가관입니다. 그들이 주장하는 대로라면 한국의 모든 기성교회는 엉터리고 신천지만 옳다는 것입니다.

정말 한국의 모든 기성교회가 바보들의 모임입니까? 정말로 성경 상식도, 지식도 없는 사람들의 모임입니까?

압살롬이 백성들의 마음을 훔친 것도 나쁜 것입니다. 그러나 그 겉모습의 압살롬에게 혹해 마음을 도적맞은 백성들도 잘 한 것이 하나도 없습니다.

그래서 성경은 늘 교훈합니다. 잠언 4:23입니다.

"모든 지킬 만한 것 중에
더욱 네 마음을 지키라
생명의 근원이 이에서 남이니라."

올바른 판단과 선택은 삶의 축복으로 이어집니다. 여러분은 모든 일상에서 양심과 기도와 말씀으로 어떤 상황에 처하든지 올바른 판단을 하시고, 올바른 선택을 하시기를 예수님의 이름으로 축복합니다. 아멘!

2

올바른 판단과 선택(2)

"이제 너희가 어찌하여
왕을 도로 모셔 올 일에 잠잠하고 있느냐"
〈사무엘하 19:9~15 중〉

'대중조작(大衆操作)'이라는 말이 있습니다. 대중매체, 즉 텔레비전과 인터넷 등을 통하여 대중의 판단을 조종할 수 있는 상황을 이르는 말입니다. 주관적 판단능력을 상실하고 주변의 눈치를 보며 의존적인 판단을 내리는 것을 뜻합니다.

요즈음 사이비 이단이 활개를 치고 있습니다. 그래서 교회마다 이런 저런 경계의 권면을 하고 있습니다. 이런 중에 분명한 판단과 선택을 할 수 있다는 것이 얼마나 큰 축복인가는 그 자신이 경험으로 알게 될 몫이라는 것이 또한 축복입니다.

사람이 자기 자신을 정확히 안다는 것은 참 어려운 일입니다. 그래서 현대인의 가장 큰 문제가 자신의 결점이나 잘못을 잘 알지 못한다는 것입니다. 그래서 요즈음 학생들이 하는 웃지 못 할 다양한 표현들이 등장을 했습니다.

소크라테스는 "네 자신을 알라."고 했습니다. 윤리 교사는 "네 주제를 알라."고 합니다. 수학 교사는 "네 분수를 알라."고 합니다. 역사 선생님은 "네 과거를 알라."고 합니다. 지리 선생님은 "네 자리를 알라."고 합니다. 미술 선생님은 "네 꼬락서니를 알라."고 합니다.

전도서 8:5에서는 이렇게 교훈합니다.

"지혜자의 마음은 때와 판단을 분변하나니"

민수기 16장에는 모세를 대항하여 하나님의 뜻을 거스르고 반역 행위를 했던 고라와 다단과 아비람과 온의 이야기가 있습니다. 그들이 당을 지어 모세를 대항할 때 어리석은 사람들은 그들의 하는 일이 옳은 줄 알았습니다. 그런데 그들을 따르던 그 사람들은 멸망을 당합니다. 이 사건 역시 올바른 판단과 선택을 하지 못하여 맞게 된 비참한 결과입니다.

그런데 참 놀라운 사실을 깨닫게 되는 것은 민수기 16:1에서도 말씀을 읽던 것을 멈추고 생각할 것이 있다는 것입니다. 그 구절을 주목해 보면 참으로 많은 것을 생각하게 하는 내용이 기록되어 있습니다. 말씀을 같이 보겠습니다.

"레위의 증손 고핫의 손자
이스할의 아들 고라와

르우벤 자손 엘리압의 아들
다단과 아비람과
벨렛의 아들 온이 당을 짓고"

범죄는 지금 이곳에서 고라와 다단과 아비람과 온이 짓고 있습니다. 그런데 증조부 이름까지 소급해서 기록이 되고 있습니다. 이것은 결코 간과할 수 없는 하나님의 섭리라는 것입니다. 이어지는 2절입니다.

"이스라엘 자손 총회에서 택함을 받은 자
곧 회중 가운데에서 이름 있는
지휘관 이백오십 명과
함께 일어나서 모세를 거스르니라."

언제나 동일한 일이지만 거스르는 일은 일반인이 아닌 상당한 영향력을 가진 사람들이 일으키는 것이라는 것입니다. "총회에서 택함을 받은 자, 곧 회중 가운데서 이름 있는 지휘관 이백오십 명"이라고 했습니다. 예, 이들의 결과는 비참한 멸망이었습니다.

판단을 잘못하면 선택 또한 바를 수 없습니다. 바른 선택을 하지 못한 결과는 고스란히 선택한 자의 몫입니다.

이런 일이 어디 그 때 뿐이었겠습니까. 지금도 올바른 판단과 선택을 해야 하는 것은 여전히 계속되고 있습니다.

몇 장의 사진을 보여 드리겠습니다.

이 사진은 서울 목동 야구장에서 열린 '2011 프로야구 기아와 넥센의 경기 5회 초 1사 2루의 상황입니다. 이 때 이현곤 선수가 타석에 있을 때 2루 주자 기아의 신종길 선수가 3루 도루를 한 장면입니다.

심판의 판결은 무엇일까요? 세입? 아웃?

어떤 판단을 하느냐에 따라 넥센과 기아의 상황이 뒤바뀔 상황입니다.

심판은 '세입~~!' 하고 선언을 했습니다. 아웃이라고 선언해도 누가 뭐라고 할 사람은 아무도 없는 상황입니다.

심판의 이 선언에 따라 넥센과 기아의 승부는 그 판도가 완전히 달라졌습니다.

여기서 말하고자 하는 것은 결정권자의 판단과 선택은 그만큼 중요하다는 것입니다.

사진 한 장을 더 보여 드리겠습니다.

이 사진은 서울의 전 오세훈 시장 재임 당시 8월 15일의 일입니다. 서울시민 무상급식 주민투표를 독려하는 오세훈 당시 서울시장의 1인 시위가 찍힌 사진입니다. 8월 23일에 있을 무상급식 찬반투표를 두고 서울시는 그야말로 기막힌 소모전을 벌이고 있을 때의 일이었습니다. 과연 서울 시민이 어떤 판단과 선택을 할 것인지를 두고 국민들의 귀추가 주목되었던 사건입니다. 예, 서울 시민들의 선택은 반대였습니다. 그리고 오세훈 전 서울 시장은 결과에 승복하여 책임을 지고 깨끗하게 시장 자리에서 물러났습니다. 물론 눈물을 삼키면서 마지막 기자회견을 했습니다.

삶의 매순간 우리는 선택의 기로에 서 있습니다. 우리가 올바른 판단과 선택을 할 때 자신은 물론 그와 관계된 모든 사람들이 행복할 수 있습니다.

빌라도는 올바른 판단과 선택을 하지 못해 천추에 씻지 못할 악의 축에 서고 말았습니다. 사도신경의 "본디오 빌라도에게 고난을 받으사 십자가에 못 박혀 죽으시고"의 기록이 세상 끝 날까지 남게 된 것입니다.

본문 9~10절은 이스라엘 백성들이 서로 변론하는 내용입니다. 내용인즉 '다윗 왕이 블레셋도 물리쳤고 원수의 손에서 민족을 구원했다. 그가 아들에게 반역을 당해 쫓겨 나갔지만, 이제 우리가 기름을 부어 왕으로 세운 다윗의 아들 압살롬은 전쟁에서 죽었다. 그러니 우리가 이렇게 세월을 보내고 있을 것이 아니라 다윗 왕을 예루살렘 성으로 모시고 와야 한다.'는 것입니다.

이 때 다윗 왕은 자신의 측근인 제사장 아비아달과 사독을 통해 유다지파에게 전갈을 보냅니다. 온 이스라엘이 다윗 왕을 환궁시키고자 하는데 형제요 골육인 유다 지파는 어찌 앞장서지 않느냐는 것입니다. 그러면서 그들에게 먼저 나서라고 채근을 하게 합니다.

또 한편으로는 당시 반란군의 우두머리였던 아마사에게 미래를 보장하는 약조를 하면서 유다 지파가 서둘러 다윗의 환궁을 준비하도록 합니다. 그리고 마침내 다윗은 기막힌 망명생활을 끝내고 예루살렘으로 환궁하게 됩니다. 이것이 본문의 전체 내용입니다.

이런 본문의 내면에는 올바른 판단과 선택에 대한 하나님의 놀라운 교훈과 섭리가 내재되어 있습니다. 그것을 정리하며 하나님께서 우리에게 말씀하시는 것을 받도록 하겠습니다.

1. 지난날의 역사를 반면의 거울처럼 비춰볼 수 있을 때 올바른 판단과 선택을 할 수 있습니다(9~10).

아버지와 아들의 기막힌 전쟁이 끝나자 이스라엘 백성들은 지난날을 돌아보게 되었습니다. 하나하나 손 꼽아보니 다윗 왕의 업적은 이스라엘 역사에 다시없는 위대한 업적이었습니다.

이스라엘 진영의 그 누구도 감히 대적할 수 없었던 블레셋의 용사 골리앗을 죽인 이도 다윗이었습니다. 강력한 블레셋을 물리치고 주변강대국을 제압하여 이스라엘이 태평성대를 누릴 수 있는 기틀을 만든 이도 다윗이었습니다.

그런데 백성들이 그의 아들 압살롬에게 마음이 빼겨 올바른 판단을 하지 못했습니다. 당연히 바른 선택을 하지 못했습니다. 그리고 오늘과 같은 이런 참담한 시간을 가져오고야 말았습니다.

그렇게 하나하나 돌아보니 비로소 무엇인가 제대로 보이기 시작했습니다. 그리하여 그들은 하루라도 빨리 다윗 왕을 예루살렘 성으로 모셔오는 것이 옳다는 것을 알았습니다. 어서 속히 그를 온전한 이스라엘의 왕으로서 통치하게 하는 것이 옳다는 결론을 내렸습니다. 모든 원로들이 그와 같은 만장일치의 결론을 도출했습니다.

그렇습니다. 올바른 선택이란 올바른 분별(分別)입니다.

분별이란 세상 물정에 대한 바른 생각이나 판단입니다. 판단은 나의 기준으로 재단을 하는 것이지만, 분별이란 하나님의 눈으로 바라보는 것입니다. 분별은 집을 나간 자식을 바라보는 아버지의 눈입니다.

분별의 내면에는 하나님의 마음이 있습니다. 그것이 긍휼입니다. 거기로부터 이해와 용서와 사랑이 시작됩니다. 그것이 바로 하나님의 마음입니다.

그래서 하나님과 상관없는 마음은 쓸쓸하기 짝이 없는 것입니다. 비판과 정죄하기를 숨 쉬듯 하고, 불평을 그치지 않는 사람, 타인을 판단하고 폄훼하는 것을 아무렇지도 않게 하는 사람, 그런 사람의 마음은 그래서 겨울날의 허허벌판 같고 또 황량한 사막 같은 것입니다. 왜냐하면 그런 사람의 마음에는 하나님의 마음이 없기 때문입니다.

인간은 항상 판단할 때 그 대상의 현재만을 봅니다. 그러나 하나님은 판단하실 때 언제나 그의 과거와 미래를 함께 보십니다. 과거와 미래를 보는 마음을 가질 때 올바른 판단을 할 수 있으며 그럴 때 바른 선택을 할 수 있습니다.

이제 이스라엘 백성들은 분별할 수 있었습니다. 무엇이 잘못되었고 무엇이 올바른 것인가를 판단할 수 있는 가치기준이 바로 세워진 것입니다. 그래서 본문 9~10절이 우리에게 그것을 일깨워 주는 메시지가 됩니다.

압살롬의 화려한 외모와 교활한 속임수에 분별력을 잃었던 이스라엘 백성들은 잠깐 멈추어 지난날을 추억해 보니 자신들의 행위가 얼마나 어리석었던가를 깨닫게 되었습니다. 그렇게 깨닫는 마음에서 올바른 판단과 선택을 할 수 있었던 것입니다.

2. 상대방의 귀한 부분을 귀한 줄 알고 나의 잘못된 것을 잘못으로 깨달을 때 올바른 판단과 선택을 할 수 있습니다.

우리가 살면서 가장 어리석은 것은 귀한 것을 귀한 줄 모르고 사는 것입니다.

에서는 장자의 명분이 얼마나 귀한 것인 줄을 모르고 팥죽 한 그릇에 그 장자의 명분을 야곱에게 팔아버렸습니다.

부자 관원은 영원한 생명이 얼마나 귀한 줄을 모르고 재물을 포기하지 못해서 영원히 돌아올 수 없는 길로 가버리고 말았습니다.

유대인들은 예수님이 메시아인 줄도 모르고 오늘도 여전히 자신들이 그리는 메시아를 기다리고 있습니다.

그러나 수가성 우물가의 비천한 여인은 귀한 것이 무엇인지 알았습니다. 그래서 그녀는 물동이를 버릴 수 있었습니다.

마리아는 정말 귀한 것이 무엇인지 알았습니다. 그래서 자신의 전부와도 같은 한 나드의 향유 옥합을 깨뜨릴 수 있었습니다.

사도 바울은 귀한 것이 무엇인지 알았기 때문에 세상 사람들이 최선을 다해 추구하는 세상의 부귀와 영화를 분토처럼 버릴 수 있었습니다.

못된 자식들은 자기 부모님이 얼마나 귀한 분들인 줄을 모릅니다. 그리고는 친구의 아버지를, 친구의 부모들을 더 좋다고 생각하고 훌륭하게 봅니다.

내 남편이, 내 아내가 세상의 그 어떤 사람보다 귀하다는 것을 잘 모릅니다. 잊고 삽니다. 그러나 그것은 참으로 어리석은 것입니다. 세상의 그 어떤 여자, 그 어떤 남자 보다 내 아내, 내 남편이 귀한 줄 알아야 가정이 행복합니다.

그러나 이 세상 그 무엇보다 우리는 예수님이 귀한 줄을 알아야 합니다. 예수님보다 귀한 분은 없습니다. 그래서 "주 예수 보다 더 귀한 분은 없네."하고 고백의 찬송을 드리는 것입니다.

9~10절은 이스라엘 백성들이 자신들의 지난날을 거울처럼 보게 되면서 다윗이 얼마나 귀한지를 알게 되었습니다. 다윗이 이스라엘 역사에 있어서 얼마나 소중한 사람인가를 그때서야 깨닫게 되었습

니다.

그들은 옛날 사무엘상 18장에서 외쳤던 소리를 회고했습니다. 골리앗을 물리치고 돌아오는 다윗을 맞으며 '사울은 천천이요 다윗은 만만'이라고 노래했던 그 역사를 돌아보았습니다.

사울이 죽자 헤브론으로 달려가 하나님의 뜻을 들먹이면서 다윗을 왕으로 추대했었습니다. 그렇게 다윗이 좋다고, 다윗이 위대한 지도자라고 추종했었습니다. 그러나 세월이 지나면서 다윗의 좋은 면면도 싫증을 느끼고 다윗의 존재 가치를 폄훼하기 시작했습니다.

그러다가 다윗의 화려한 아들 압살롬이 등장하며 자신들의 마음을 도적질 할 때 다윗을 버리고 천하의 몹쓸 압살롬을 따랐었습니다.

이제 이스라엘은 자신들의 행위가 얼마나 잘못이었던가를 깨달았습니다. 자기들이 얼마나 다윗에게 못된 짓을 했는지를 깨닫게 되었습니다. 회개했습니다. 자신들의 허물과 잘못을 바르게 보는 분별력을 가지게 되면서 올바른 판단을 하게 되었습니다. 그러자 올바른 선택을 할 수 있었습니다. 거기서 올바른 판단과 선택이 가능해졌습니다.

그래서 다윗의 귀환을 서둘렀습니다. 그래서 만장일치로 다윗을 예루살렘 성으로 환궁하도록 준비를 하고 영접을 하였습니다.

여러분, 기억하시기 바랍니다. 내 조국 대한민국은 귀하고 좋은 나라입니다. 포항에 살면 포항이 좋은 줄 알고 사랑해야 합니다.

내 아버지 내 어머니가 이 세상에서 제일 좋은 부모님이고, 내 아내 내 남편이 세상에서 가장 좋은 사람입니다.

내가 출석하고 있는 우리 교회, 우리 목사님이 좋은 교회, 귀한 목사님입니다. 그것을 깨달을 때 올바른 판단과 선택을 할 수 있습니다. 그리할 때 나도 너도 다 좋습니다.

서울의 지하철 역 이름 가운데 길음역이 있습니다.

지하철을 탄 할아버지가 옆에 앉아 있는 학생에게 물었습니다.

"이 지하철은 기름으로 가나?"

학생이 웃으면서 답답하다는 듯이 대답했습니다.

"할아버지, 이 지하철이 무슨 기름으로 가요, 전기로 가지요. 전기로"

학생의 대답을 들은 할아버지는 아주 머쓱한 모습으로 고개를 끄덕이더니만 다음 역에서 황급히 내렸습니다.

할아버지가 내린 지하열차 문이 닫히고 출발을 하고 있었습니다. 그런데 할아버지가 좌우를 두리번거리더니 막 화를 내셨습니다. 화를 내는 할아버지를 뒤로 하고 출발한 지하철 안에서는 안내방송이 금방 흘러나왔습니다.

"이번에 내리실 역은 길음, 길음 역입니다. 내리실 문은 오른쪽입니다."

오늘을 살아가는 우리들의 삶이 그렇습니다.

바르게 말을 했음에도 바르게 알아듣지를 못합니다. 그래서 오해가 생깁니다. 그래서 올바른 판단과 선택을 하지 못하게 됩니다.

3. 사욕(私慾)을 버리고 공의(公義)를 실천할 때 올바른 판단과 선택을 할 수 있습니다.

13절 말씀을 보겠습니다.

"너희는 또 아마사에게 이르기를
너는 내 골육이 아니냐
네가 요압을 이어서 항상 내 앞에서
지휘관이 되지 아니하면
하나님이 내게 벌 위에 벌을
내리시기를 바라노라 하셨다 하라."

예루살렘 성으로 환궁하기 전에 다윗은 엄청난 실수를 하게 됩니다. 곧 아마사에게 하지 말아야 할 약속을 한 것입니다. 그것은 "요압을 뒤이어 앞으로 아마사 너를 나 다윗의 군대장관이 되게 하리라."는 약속이었습니다.

아마사가 누구입니까? 압살롬의 군대장관입니다. 반역한 아들의 군대장관이 되어 다윗의 마음을 심히도 아프게 했던 못된 장군입니다. 그런데 다윗은 이 아마사를 자신의 휘하로 끌어안는 것입니다.

다윗이 이렇게 하는 데는 두 가지 이유가 있었습니다.

첫째는 자신을 반대했던 세력을 규합하여 명실 공히 이스라엘의 진정한 왕으로서 예루살렘으로 귀환하고자 하는 것이었습니다.

둘째는 요압에 대한 경계 심리에서였습니다. 요압은 힘이 커지면서 왕인 자신과 의논도 하지 않고 왕에게 백기를 들고 왔던 아브넬을 죽였습니다. 그러더니 이번에는 또 압살롬을 죽였습니다. 자신의 말을 온전히 듣지 않았습니다. 이런 요압의 세력을 약화시키려는 의도에서 아마사를 군대 장관으로 세우겠다는 것이었습니다.

그러나 이것은 다윗의 사욕(私慾)입니다. 즉 개인적인 욕심을 꾀한 것이라는 말입니다. 아무리 요압이 안하무인의 힘을 가지고 있어도 요압은 다윗을 위해, 그리고 이스라엘을 위해 생명을 바치면서 충성한 장군입니다.

그러나 아마사는 다윗에게도 이스라엘에게도 천하에 몹쓸 반역자였습니다. 그런 아마사를 다윗은 자신의 사사로운 감정을 앞세워 기용하겠다고 한 것입니다. 이것은 다윗이 해서는 안 될 일입니다. 이것은 자신의 유익을 위해 수단방법을 가리지 않은 치졸한 방법입니다.

이 잘못된 판단과 선택이 결국은 아마사를 요압의 손에 죽게 합니다(20:10). 이것은 다윗의 올바른 판단과 선택이 아니었습니다. 참으로 큰 실수였습니다.

그 때나 지금이나 항상 사욕의 결과는 파멸입니다. 그러나 공의(公義)의 결과는 번영과 평안입니다.

오늘도 본문을 통하여 우리는 올바른 판단과 선택이 얼마나 귀한 것인가를 깨닫습니다. 그러므로 쉽게 남을 판단해서는 안 됩니다. 상대방의 어제와 오늘과 내일도 제대로 알지 못하면서 눈앞의 것만 보고 듣고 그를 판단해서는 안 됩니다. 그렇게 하다가는 그것이 돌이킬 수 없는 큰 아픔이 될 수도 있다는 것을 깨달아야 합니다. 그것이 지혜입니다.

야고보서 4:11 말씀은 인간관계의 최고의 축복 메시지입니다.

"형제들아 서로 비방하지 말라
형제를 비방하는 자나 형제를 판단하는 자는
곧 율법을 비방하고 율법을 판단하는 것이라.
네가 만일 율법을 판단하면
율법의 준행자가 아니요 재판관이로다."

로마서 2:1입니다.

"그러므로 남을 판단하는 사람아,
누구를 막론하고 네가 핑계하지 못할 것은
남을 판단하는 것으로 네가 너를 정죄함이니
판단하는 네가 같은 일을 행함이니라."

사랑하는 성도 여러분! 본 장의 말씀을 통해 깊은 깨달음이 있으시기를 바랍니다. 그리고 날마다의 걸음이 올바른 판단과 선택을 통해 은혜와 평강으로 충만한 삶이되시기를 예수님의 이름으로 축복합니다. 아멘!

3
용 서

"네가 죽지 아니하리라 하고
저에게 맹세하니라"
〈사무엘하 19:16~23 중〉

"목사님은 정말 미운 사람이 없습니까?" 어느 집사님이 제게 질문을 했습니다. 제가 없다고 대답을 하자 묘한 표정으로 웃으면서 "어떻게 그럴 수 있습니까?" 하고 되물었습니다.

저는 아주 간단하게 대답했습니다.

"밉지 않으니까 미운 사람이 없지요."

집사님이 되받아 물었습니다.

"정말 아무개 권사, 아무개 집사가 안 밉습니까?"

"미울 것 같으면 내가 그 분들의 모든 것을 그렇게 품어주고 도와주고 했겠습니까?"

"그 분들은 목사님을 배신했잖아요?"

"그것은 배신이 아니라 하나님의 뜻이지요."

이야기가 안 된다고 생각했던지 집사님은 그냥 웃고 말았습니다.
마태복음 6:14~15에 예수님께서 친히 하신 말씀이 있습니다.

"너희가 사람의 잘못을 용서하면
너희 하늘 아버지께서도
너희 잘못을 용서하시려니와,
너희가 사람의 잘못을
용서하지 아니하면
너희 아버지께서도 너희 잘못을
용서하지 아니하시리라."

주기도문에서도 가장 중요한 대목이 있습니다. "우리가 우리에게 잘못한 사람을 용서하여 준 것같이 우리의 죄를 용서하여 주시고"라는 부분입니다.

보편적으로 기독교를 사랑의 종교라고 말합니다. 그런데 그 사랑의 뿌리는 용서입니다. 그것을 우리는 간과해서는 안 됩니다. 즉 용서 없는 사랑은 의미가 없다는 말입니다.

예수님의 십자가 사랑도 결국은 용서하시는 하나님의 사랑입니다. 그 용서가 없다면 구원의 은혜도, 영원한 그 나라의 축복도 의미가 없습니다. 이것을 우리는 이미 잘 알고 있습니다.

중요한 것은 지식적으로 아는 것이 아니라 아는 것을 실천하는 행동입니다.

용서는 중요합니다. 그러나 더 중요한 것은 용서의 한계성입니다. 그럼에도 불구하고 예수님께서는 마태복음 18:22에서 용서의 무한대에 대하여 가르치셨습니다. 즉 일흔 번씩 일곱 번이라도 용서하라는 것입니다. 무한대로 용서하라는 의미입니다. 그렇게 가르치신 예수님은 또한 실제로 그렇게 하셨습니다.

누가복음 23장에는 예수님의 기도가 기록되어 있습니다. 그 기도는 예수님을 십자가에 못 박는 무지한 사람들을 위하여 올리는 예수님의 용서의 기도입니다.

그 때나 지금이나 사람 살아가는 것이란 참 아이러니입니다. 못 박힐 자들이 오히려 못을 박습니다. 저주받을 자들이 도리어 저주를 합니다. 정죄 받아야 할 사람들이 정죄를 합니다. 심판받을 죄인들이 거꾸로 심판을 합니다.

이런 일들은 예수님 당시에만 있었던 것이 아닙니다. 지금도 여전히 역사의 한 부분으로 행해지며 세월이 흐르고 있는 것이 인간사입니다.

예수님의 십자가 위에서의 기도는 가슴을 미어지게 합니다.

"예수께서 이르시되
아버지 저들을 사하여 주옵소서
자기들이 하는 것을 알지 못함이니이다(눅 23:34)."

이것이 바로 용서입니다. 이것이 사랑의 뿌리입니다. 마르지 않는 사랑의 근원입니다.

바울은 이것을 깨달아 에베소교회에 보내는 편지에서 이렇게 권고했습니다.

"서로 친절하게 하며 불쌍히 여기며
서로 용서하기를
하나님이 그리스도 안에서
너희를 용서하심과 같이 하라(엡4:32)."

이번 본문은 구약에서는 더 없이 아름다운 용서의 사건입니다. 다윗이 자신을 저주하며 돌을 던지던 시므이를 용서한 사건입니다.

16장에서 다윗은 아들 압살롬의 반역으로 피난길에 올랐습니다. 다윗이 힘이 없어 피난을 가는 것이 아니었습니다. 아들의 반역으로 부자지간에 전쟁을 하게 되면 백성들이 힘들 것입니다. 왕으로서 백성들을 힘들게 하고 싶지 않은 아버지의 마음이 다윗으로 하여금 피난길을 재촉하게 한 것입니다.

참으로 서럽고 속상하며 고통으로 힘든 걸음입니다. 왕이 되어 맨발에 머리를 풀어 얼굴을 가리고 울면서 가고 있으니 말입니다.

그런데 설상가상! 하찮은 한 사람 신하 시므이가 다윗을 지근(至近)에서 따라오면서 악담을 하고 돌을 던집니다. 먼지를 날리며 저주를 하기까지 합니다.

오죽하면 함께 가던 아비새가 참다못해 "이 죽은 개가 어찌 내 주

왕을 저주하리이까 청하건데 내가 건너가서 그의 머리를 베게 하소서"라고 통분했겠습니까?

이 상황에서도 다윗은 "그것도 하나님의 뜻 안에서 행해지는 것이니 상관하지 말고 가자"고 했습니다.

17장과 18장을 지나 19장에 올라오면서 반역자 압살롬이 죽습니다. 그리고 다윗이 온 이스라엘 백성들의 존경을 받으면서 이스라엘 왕국으로 귀환하고 있습니다.

이때에 다윗 앞에 달려 나와 엎드리는 시므이를 만나게 되었습니다. 그는 다윗 앞에 엎드려서 자신이 행했던 악한 행위를 용서해 달라고 구합니다.

이와 같은 시므이의 언행은 비열한자의 전형적인 모습입니다. 상대방이 약할 때는 여지없이 짓밟습니다. 그러나 상대방이 강하면 비굴할 정도로 납작 엎드립니다. 그리고 갖은 아첨을 다 떨며 환심을 사려고 합니다.

이런 시므이를 보자 아비새는 지난날 피난길을 떠날 때의 일이 생각나서 그를 죽여야 마땅하다고 불같이 나섭니다. 그러나 이때도 다윗은 시므이를 죽이지 않고 용서합니다.

이 하나만 보더라도 하나님이 왜 다윗을 마음에 합한 자라고 하셨는지 알 수가 있습니다.

하나님은 인간의 죄를 용서하시고 구원하시기 위해 아들 예수님을 십자가에 못 박으셨습니다. 그 하나님의 마음을 우리가 알고 믿는 것이 믿음이며 하나님의 기쁨입니다.

다윗은 정확하게 그것을 알았습니다. 그러므로 나는 하나님 앞에서 망가져도 좋다는 것입니다. 하나님께서 기뻐하시면 더 이상 바랄 것이 없다는 것이 다윗의 마음이었습니다. 이 마음이 용서라는 사랑의 뿌리를 내리게 된 것입니다.

15절을 보겠습니다.

"왕이 돌아와 요단에 이르매
유다 족속이 왕을 맞아
요단을 건너가게 하려고
길갈로 오니라."

왕위에서 쫓겨났던 다윗이 승자가 되어 돌아오는 장면입니다.

다윗이 쫓겨 갈 때를 기억하시지요? 예, 기억하실 것입니다. 그때 다윗의 주위에는 몇몇 충신들 외에는 다른 사람들이 없었습니다.

다윗에게 은혜를 입고 다윗의 사랑을 받았던 사람들이 헤아릴 수 없이 많았습니다. 그러나 그즈음에 다윗이 약해지자 모두가 다윗을 떠나고 그 누구도 다윗과 함께 하지 않았습니다. 떠오르는 태양 같아 보이는 반역자 아들 압살롬에게로 다 가서 붙었습니다.

그런데 이제 그 압살롬이 죽고 다윗이 왕궁으로 귀환하자 쫓겨 갈 때와는 아주 대조적인 상황이 펼쳐졌습니다. 온 유다 족속이 다 환영을 나왔습니다.

그 가운데 한 사람이 시므이였습니다. 그가 다윗에게 어떻게 했는지는 16장에 지울 수 없는 낙인(烙印)으로 박혀있습니다. 다윗을 향하여 갖은 저주를 퍼부으며 돌을 던지고 피를 흘린 자라며 악담을 퍼부었습니다. 하나님이 버린 사울이며 하나님이 세우신 다윗인데도 시므이는 다윗이 사울의 왕위를 빼앗았다고 했습니다. 아들에게 버림받은 자, 하나님도 버린 자라고 모욕을 했습니다.

세상에 악담을 해도 어떻게 그런 악담을 할 수 있는지 참으로 대단한 사람입니다. 도대체 다윗이 시므이에게 뭘 어떻게 했다고 그가 그렇게나 다윗을 악하게 대한다는 것입니까. 도대체 무엇이 시므이로 하여금 그토록 악한 언행을 하게 했던 것일까요?

예, 이유가 있었습니다. 그것은 아주 간단합니다. 시므이가 생각하기에 이제 다윗의 시대는 끝났습니다. 그리고 압살롬의 시대가 왔다고 생각했습니다. 사울의 친족이었던 자신이 사울의 멸망과 함께 출세 길이 막히자 그에 대한 원한도 시므이의 마음속에 깔려 있었습니다. 그러던 차에 다윗이 아들의 반역에 쫓겨 피난을 가고 있었으니 분풀이를 한 것입니다. 고소하다는 것입니다. 꼴 좋~다는 것입니다.

그러나 이것은 가는 시대를 짓밟는 치졸한 시므이의 근시안적인 판단이었습니다.

여러분, 기억하시기 바랍니다. 역사는 내가 경영하는 것이 아닙니다. 역사는 하나님께서 경영하십니다.

사람의 일거수일투족을 보고 계시는 하나님께서 다윗을 그냥 버려두시겠습니까? 여러분이 하나님 같으면 다윗을 모른 체 하시겠습니까?

하나님은 이스라엘의 혼란을 평정시키시고 다시 다윗으로 하여금 이스라엘을 다스리게 하셨습니다. 승자가 되어 예루살렘 왕궁으로 돌아오게 하셨습니다.

그러자 이 때 시므이의 언행이 또 180°로 바뀌었습니다. 18~20절까지를 보면 아주 납작 엎드려서 잘못을 고하고 용서를 구하는 모습이 나옵니다. 말도 얼마나 일사천리로 잘하는지 모릅니다.

18절을 보십시오. 시므이가 다윗 왕 앞에 엎드렸습니다. 19절은 자기가 지난 날 다윗에게 행한 패역한 일을 기억하지 말고 마음에 두지 말라고 합니다. 그리고 20절에서는 자기 자신의 잘못을 뉘우치고 이렇게 왕을 먼저 영접하러 나왔으니 용서해 달라고 합니다.

참 편리한 사람입니다. 모든 기준이 자기 자신입니다. 다윗이 약할 때는 사정없이 짓밟다가 다윗이 강성하여지자 꼬리를 내리고 납작 엎드렸습니다. 온갖 저주와 악담을 퍼붓던 그 입으로 이제는 그런 자신의 앞전 행위를 마음에 담지 말라고 간청을 합니다.

이 때, 이 한 상황을 두고 확연히 갈리는 두 사람의 대비되는 모습이 21절 이하에 기록되고 있습니다. 하나는 아비새의 모습입니다. 그리고 또 하나는 다윗의 모습입니다.

먼저 21절의 아비새가 다윗에게 하는 진언의 말을 새겨볼 필요가 있습니다.

"스루야의 아들
아비새가 대답하여 이르되

시므이가
여호와의 기름 부으신 자를 저주하였으니
그로 말미암아
죽어야 마땅하지 아니하니이까 하니라."

여기 "여호와의 기름 부으신 자"라는 대목을 좀 살펴보겠습니다. 여호와의 기름 부으신 자를 저주하고 살기를 바라는 것은 있을 수 없다는 것이 아비새의 말입니다. 아비새가 이렇게 말 한 의도를 우리는 알아야 합니다. 그것은 사무엘상 26장으로 올라가면 알 수 있습니다.

다윗이 사울 왕에게 10여년을 쫓겨 다녔습니다. 기회만 되면 사울은 다윗을 죽이려고 했습니다. 그러나 하나님은 항상 다윗을 보호하시고 지키셨습니다. 그러다가 상황이 역전되어 다윗이 사울을 죽일 절호의 기회가 왔습니다. 주위의 모든 신하들이 사울을 죽이자고 했습니다. 이 때 다윗이 한 말이 사무엘상 26:9입니다.

"다윗이 아비새에게 이르되
죽이지 말라 누구든지 손을 들어
여호와의 기름 부음 받은 자를 치면
죄가 없겠느냐?"

놀랍게도 이 사건과 관련하여 다윗은 무려 다섯 번이나 이 내용을 강조했습니다. 그리고 사무엘하 1장에 와서 사울이 죽게 되었을 때 그를 찌른 병사에게도 같은 뜻으로 두 번이나 강조하여 말했습니다.

다윗과 생사고락을 함께 하는 아비새의 입장에서는 여호와의 기름 부으신 자를 저주한 시므이는 다윗의 논리에 의하면 마땅히 죽어야 한다는 것입니다. 그런데 이 상황에서 다윗은 또 다른 반응을 보입니다. 바로 이번 본문의 주제가 되는 내용 22~23절입니다.

"다윗이 이르되 스루야의 아들들아
내가 너희와 무슨 상관이 있기에
너희가 오늘 나의 원수가 되느냐
오늘 어찌하여 이스라엘 가운데에서
사람을 죽이겠느냐
내가 오늘 이스라엘의 왕이 된 것을
내가 알지 못하리요 하고."

"왕이 시므이에게 이르되
네가 죽지 아니하리라 하고
그에게 맹세하니라."

다윗도 감정이 있는 인간입니다. 그런데 어떻게 이럴 수 있을까요? 답은 하나뿐입니다. 하나님을 믿는 믿음 때문입니다. 믿음이 있는 사람은 모든 것을 하나님께 맡깁니다.

사무엘상 12장을 강해할 때 제가 특별히 강조한 말씀이 있었습니다. 벌써 몇 년이 흘렀으니 기억이 나지 않을지도 모르겠습니다. 그러니 다시 한 번 기억을 도와드리겠습니다.

그 때 강조한 말씀이 '통감(通鑑)의 지혜로 살아가야 한다'는 것이었습니다. 그렇게 하기 위해서는 역사를 거울로 보는 혜안(慧眼)이 있어야 하고, 나에게 일어나는 모든 일에는 하나님의 섭리가 있음을 보는 영안(靈眼)을 열어야 하며, 작은 자 곧 나의 도움이 필요한 사람을 주님처럼 생각하고 살피는 심안(心眼)을 열어야 한다고 했습니다.

그것이 바로 믿음 있는 성도의 삶입니다.

오늘 이 본문에서 다윗을 통해 또 한 가지 중요한 것을 배우는 것은, 다윗이 시므이를 용서하는 이유 가운데 하나가 승자의 자세라는 것입니다.

"내가 오늘 이스라엘의 왕이 된 것을
내가 알지 못하리요."

참 중요한 말입니다. 이것이 진정한 승자(勝者)의 마음입니다.

보편적인 경우에는 승자가 되면 약자를 죽입니다. 그러나 진정한 승자는 약자를 죽이지 않습니다. 그것이 승자된 자의 원리입니다.

여러분 기억하십니까? 사무엘하 16:11~12에서 다윗을 저주하는 시므이를 아비새가 죽이겠다고 할 때 다윗이 한 말을요? 다시 보겠습니다.

"다윗이 아비새와 모든 신하들에게 이르되
내 몸에서 난 아들도
내 생명을 해하려 하거든
하물며 이 베냐민 사람이랴
여호와께서 그에게 명령하신 것이니
그가 저주하게 버려두라.
혹시 여호와께서
나의 원통함을 감찰하시리니
오늘 그 저주 때문에 여호와께서
선으로 내게 갚아 주시리라."

시므이의 저주를 받으면서도 다윗은 이것도 하나님의 뜻 안에서 진행되는 것이려니 하면서 참았습니다. 그리고 모든 것을 하나님께 맡겼습니다. 그랬는데 정말 하나님께서 다윗에게 복을 주셨습니다.

다윗은 이것을 알고 있었습니다. 그런 다윗이었기에 지금 승자의 위치에서 다시 회복된 이때에 약자를 죽이는 것은 결코 옳지 않다는 것입니다. 그보다는 오히려 하나님의 은혜를 송축하고 감사하는 마음을 더 풍성하게 가지는 것이 옳다는 것입니다. 그것이 22절의 메시지입니다.

그것이 어디로부터 오는 것이겠습니까? 예! 그렇습니다. 믿음! 바로 믿음으로부터 오는 것입니다.

자기의 모든 범사를 하나님은 지켜보시고 계실 뿐만 아니라 모든 것을 하나님께서 하신다는 믿음이 이와 같은 다윗이 되게 한 것입니다.

그렇습니다. 용서는 내가 하는 것이 아닙니다. 하나님을 믿는 믿음의 사람은 하나님께서 용서하는 마음을 주시는 것입니다. 그것이 하나님의 마음입니다.

한 때 다윗이 밧세바 사건을 통하여 나단으로부터 하나님의 마음을 짓밟았다는 책망을 받고 용서받을 수 없는 죽을 죄를 지었다고 울부짖으며 회개했습니다. 그 때 하나님께서 나단을 통해 자신을 용서하신 것을 다윗은 잊을 수 없었습니다.

내가 용서받은 과거가 있기에 다윗은 항상 용서하는 삶을 살았던 것입니다.

말씀을 맺습니다.

예수님이 십자가를 지고 골고다 언덕을 오르셨습니다. 채찍으로 맞으면서 이리 비틀 저리 비틀거리면서 자신이 매달릴 십자가를 지고 걸으셨습니다. 지칠 대로 지친 예수님은 피를 흘리며 쓰러지기도 하셨습니다. 끌려가시며 쓰러지고 또 쓰러지셨습니다. 그렇게 예수님이 골고다 언덕에 오르시자 군병들에 의해 십자가위에 뉘어졌습니다.

그 때 피로 범벅된 예수님의 눈에 보이는 것이 있었습니다. 자기를 욕하는 사람들의 입도 보였습니다. 자신의 손과 발을 사정없이 뚫고 박힐 굵은 못도 보였습니다. 군병의 손에 들려 있는 망치도 보였습니다.

군병 한 사람이 예수님의 팔을 잡아 당겨 나무십자가에 짓눌렀습니다. 그러자 다른 한 군병이 대못을 예수님의 손에 갖다 대는 것이었습니다. 그 군병의 손에 들린 망치가 하늘 높이 올라가는 것도 보였습니다.

그 망치는 땅으로 내려오며 예수님의 손에 자리를 잡고 올려져있는 못을 내리쳤습니다. 그 때 온 몸이 찢어지는 고통이 심장을 관통하며 전해지는 것을 느꼈습니다. 못이 박힌 손에서 피가 흘러 나무를 타고 땅바닥으로 흘러내리는 것도 보였습니다.

그러나 그 한 순간도 예수님은 저항하지 않으셨습니다. 소리치지 않으셨습니다. 왜? 왜 예수님은 저항하지 않으셨을까요? 왜 잠잠히 침묵으로 그 모든 수모와 고통을 감당하셨던 것일까요? 왜? 왜? 왜요?

저와 여러분을 사랑하시기 때문입니다. 저와 여러분을 살리시기 위해서였습니다. 저와 여러분의 죄를 대속하시기 위하여, 그래서, 그래서…….

한 가지 잊지 말아야 할 것이 있습니다.

그 모든 것을 보시면서도 예수님께서 저항하지 않으셨던 것은 '또 다른 손'을 보고 계셨기 때문입니다.

그 손은 하나님의 손이었습니다. 그 손이 예수님을 붙잡고 계셨습니다. 예수님은 그것을 보셨습니다. 그래서 말로 다할 수 없는 고통을 참으실 수 있었습니다.

제가 살아가면서 기억하는 것이 하나 있습니다.

그 십자가 위의 예수님의 눈이 항상 나를 보고 계신다는 것입니다. 내 아픔도 보시고, 내 외로움도 보시고, 내 억울함도 보시며, 내 모든 것을 보고 계시는 예수님!

나의 죄를 용서하신 주님이 그렇게 나를 보고 계시기 때문에 나는 오늘도 모든 것을 용서하면서 살아갈 수 있습니다. 그래서 아무도 미운 사람이 없습니다.

나의 모든 것을 보시는 주님이 계시기에 오늘도 나는 목회라는 걸음, 힘들고 아프고 괴롭고 지친 이 걸음을 감사하면서 걸어갑니다.

아무리 힘들고 어렵고 속상하고 아파도, 주님의 손이 나를 붙잡고 계시는 것을 보는 영안만 열리면, 우리는 모든 것을 참을 수 있습니다. 나를 욕하는 입도 보이고, 나를 힘들게 하는 손도 보입니다. 나를 찌르는 송곳도 보이고, 넘어지게 하는 걸림돌도 보입니다.

그럼에도 불구하고 나를 붙잡고 계시는 주님의 손을 보면 절대로 무너지지 않고 좌절하지 않고 이겨낼 수 있습니다. 그것을 보는 눈을 열 때, 우리는 좌절하지도 무너지지도 않습니다. 지치지도 않습니다. 아니, 지쳐도 아주 쓰러지지 않습니다. 오직 감사로 믿음의 절개를 굳게 지켜 갈 수 있습니다.

하나님의 사랑하시는 성도 여러분, 이 믿음이, 이 사랑이 모든 것을 용서할 수 있습니다. 모든 것을 인내할 수 있습니다. 모든 것을 품을 수 있습니다.

그리고 그 열매는 그렇게 지킨 자의 것입니다. 이 믿음을, 이 사랑을, 이 축복을 소유하시고 누리시는 삶이되시기를 예수님의 이름으로 축복합니다. 아멘!

4
의리(義理)

"내 주 왕께서
평안히 왕궁에 돌아오시게 되었으니
그로 그 전부를
차지하게 하옵소서 하니라"
〈사무엘하 19:24~30 중〉

2006년 7월 4일 특허청은 『한국 정신문화의 수도 안동』 브랜드를 등록, 인정해 주었습니다. 그래서 안동을 '한국 정신문화의 수도' 라고 합니다. 그렇게 인정이 된 데는 이유가 있습니다. 그 내용을 몇 가지 정리하면 이렇습니다.

첫째, 안동은 '추로지향(鄒魯之鄕)' 의 도시입니다. 추로지향이라는 용어는 공자가 태어난 노(魯)나라, 맹자가 태어난 추(鄒)나라와 같은 정신적 고장이라는 뜻입니다. 그런데 이미 조선 정조 임금께서(정조 16년, 1792년) 퇴계 선생 치제문(致祭文)에서 안동을 '추로지향' 으로 칭하신 바 있었습니다.

둘째, 우리나라 유일의 지역학 '안동학(安東學)' 이 존재하는 곳입니다.

셋째, '평생학습도시(平生學習都市)' 로써 선비정신을 계승 발전시키기 때문입니다. 안동은 전국에서 가장 많은 40개의 서원을 보유하고 있고, 서원에서 학문을 닦던 선비들의 정신이 지금까지 이어지고 있습니다.

넷째, 한국 최다 독립 운동가를 배출한 '독립운동의 성지' 이기도 합니다. 그리고 다섯째는 전통과 예절이 살아 숨쉬는 '인보협동(隣保協同)' 의 도시입니다.

안동인의 정신에는 이와 같은 역사와 전통이 이어지는 가운데 홍익인간(弘益人間) 사상이 뿌리 깊게 자리매김을 하고 있습니다.

고(故) 김기수 목사님께서 우리에게 가르치신 안동인의 정신은 많은 제자들의 목회와 신앙생활에 큰 울타리가 되었습니다. 목사님의 가르침인 안동인의 정신에는 다음의 3가지 기본이 있다고 하셨습니다.

첫째, 예의(禮儀)입니다. 남과의 관계에서 지켜야 하는 존경심의 표현과 삼가 해야 하는 말과 몸가짐을 뜻합니다. 둘째, 접빈(接賓)입니다. 손님을 지극정성으로 대접하는 것을 뜻합니다. 셋째는 의리(義理)입니다. 이것은 사람으로서 지켜야 할 마땅한 도리입니다.

언젠가 저를 앞에 앉히고 말씀하셨습니다.

"가르친다고 다 되는 것이 아니다. 가르친 것을 실천할 때 가르침은 가치가 있는 법이다. 많은 사람 가운데 자네는 안동인의 정신을 잘 실천하고 있으니 하나님이 자네에게 많은 복을 주신 것이라고 생각한다."

그 말씀의 의미는 예의를 잃지 않고, 섬기는 삶을 최고의 가치로 알며, 의리를 지키고 있음을 지켜보고 있기 때문이라고 하시면서 새삼 안동인의 정신을 일깨워주신 격려의 말씀이었습니다.

이제 저는 포항인으로서 제 생애를 포항에서 마감하게 될 것을 생각합니다. 그러면서 포항인에게도 이에 못지않은 역사적인 정신사상이 있을 것이라고 생각합니다. 그래서 그것을 찾아내고 그것을 기독교적 정신 사상과 조화를 이루게 하려고 합니다. 그럼으로써 우리의 후손들이 포항인의 정신 사상을 통해 국가와 세계를 유익하게 하는 기독교 정신 사상을 정립하게 하고자 하는 꿈이 있습니다.

그러려면 먼저 교회가 그 비전을 가져야 하고, 또 꿈을 성취할 수 있는 지도력을 가져야 한다고 봅니다.

채근담(菜根譚) 전집 제 159 장에는 '남을 신뢰하는 사람은 그 자신이 성실하기 때문'이라는 뜻의 글이 있습니다.

'신인자 인미필진성 기즉독성의〈信人者 人未必盡誠 己則獨誠矣〉'면 '의인자 인미필개사 기즉선사의〈疑人者 人未必皆詐 己則先詐矣〉'라는 말이 있습니다. 뜻을 풀이하면 다음과 같습니다.

'사람을 믿는다는 것은 사람이 반드시 모두 성실하지 못하더라도 자기만은 홀로 성실하기 때문이며, 사람을 의심하는 것은 사람이 반드시 모두 속이지 않더라도 자기가 먼저 스스로를 속이기 때문이니라.'

그렇습니다. 남을 믿을 수 없다는 것은 상대방은 자신에게 성실하게 대할지라도 자기 자신의 마음이 성실하지 못하기 때문입니다. 설령 상대방은 나를 속이고 성실하지 못하게 대할지라도 내 마음이 성실하면 상대방을 믿는 것입니다.

이번 본문은 우리 그리스도인들에게 매우 중요한 교훈이 되는 메시지로써 의리(義理)를 일깨우는 내용입니다. 본문은 다윗의 신실함과 의리도 그렇지만 본문의 주인공인 므비보셋의 사람됨을 나타내고 있습니다.

므비보셋은 요나단의 아들입니다. 요나단은 우리가 알고 있는 대로 사울의 아들입니다. 그는 사울이 다윗을 죽이려고 10여 년을 쫓을 때 다윗을 살려주는 역할을 감당했을 뿐 아니라 다윗과는 성경의 가장 아름다운 우정과 사랑의 관계를 보여준 아름다운 주인공입니다.

므비보셋에 관해서는 이미 우리가 9장에서 모두 살펴보았습니다.

기억을 되살려보면, 태평성대를 맞은 다윗이 요나단이 생각납니다. 그래서 그의 소생인 므비보셋을 수소문하여 '마길'의 집에서 그저 목숨만 연명하며 살고 있는 것을 찾아내 사울의 모든 소유재산을 돌려줍니다. 그리고 므비보셋 그를 자신의 아들들 왕자처럼 지내도록 자기의 상에서 함께 먹고 마시며 살게 합니다.

그런데 16장에서 아들의 반역을 피하여 도피하던 길에서 만난 므비보셋의 종 시바가 교활하게도 다윗에게 므비보셋이 다윗을 배반했다는 거짓보고를 합니다. 그러자 다윗은 자세히 사실하여 살피지 못하는 잠깐의 실수로 므비보셋의 모든 재산을 시바에게 주어버리게 됩니다.

18장에서는 그렇게나 아버지를 참담하게 만들었던 반역자 아들 압살롬이 죽고 19장으로 넘어와 온 이스라엘이 다윗을 이스라엘의 왕으로 환영하는 가운데 예루살렘 성으로 환궁하고 있습니다. 그 길에서 이번 본문의 사건이 일어나고 있습니다. 므비보셋 그가 다윗을 맞으러 나왔기 때문입니다.

이 대목에서 므비보셋의 상황을 다시 정리를 좀 하려고 합니다. 그는 다섯 살에 아버지, 할아버지, 숙부들을 다 잃고 유모의 손에 안겨 달아나다가 유모가 그를 떨어뜨려 두 다리를 저는 장애인이 됩니다. 그러다가 아버지 요나단과 다윗왕의 관계로 인하여 다윗으로부터 큰 은총을 입습니다. 즉, 할아버지 소유의 재산권을 다윗으로부터 돌려받고 행복한 생활을 하게 된 것입니다. 그러던 중에 그의 종 시바의 배신으로 모든 재산을 그에게 다 빼앗기고 기막힌 생활을 하면서 지냈습니다.

이런 상황에 다윗이 다시 예루살렘으로 환궁하고 있었습니다. 그래서 그는 다윗이 돌아오는 길목으로 나가 다윗 왕의 환궁을 환영하며 맞이하고 있습니다. 이것이 이 본문의 상황입니다.

그런데 24절을 보니 참으로 가슴 찡한 내용으로 므비보셋의 상황이 기록되어 있습니다.

"사울의 손자
므비보셋이 내려와 왕을 맞으니
그는 왕이 떠난 날부터

평안히 돌아오는 날까지
그의 발을 맵시 내지 아니하며
그의 수염을 깎지 아니하며
옷을 빨지 아니하였더라."

아들 압살롬에게 배반을 당해 피난길을 떠난 다윗을 생각하면서 므비보셋은 차마 평안히 지낼 수가 없었습니다. 그래서 죄인 된 심정으로 이와 같이 지냈다는 내용입니다. 그것은 9장에서 고백한 '개 같은 자신'에게 은혜를 베푼 다윗을 결코 잊지 않은 충정 어린 마음이었습니다.

비록 시바의 모함으로 다윗이 자신의 전 재산을 시바에게 넘겨주는 아픔을 당한 므비보셋이었지만 단 한 번도 다윗을 원망하지 않고, 오직 다윗이 다시 나라를 평정하고 예루살렘으로 돌아오기만을 고대하면서 지낸 므비보셋이었습니다.

그런데 25절에서 힐난조의 다윗의 질문이 그에게 떨어집니다.

"예루살렘에서 와서 왕을 맞을 때에
왕이 그에게 물어 이르되
므비보셋이여 네가 어찌하여
나와 함께 가지 아니하였더냐?"

시바의 거짓 모함으로 바른 판단을 하지 못했던 다윗은 므비보셋의 재산을 시바에게 주어버립니다. 그리고 그 때부터 므비보셋에 대해 굳게 오해를 하며 감정이 좋지 않았습니다. 그래서 그 때 자신이 예루살렘을 떠날 때 왜 함께 하지 않고 있었느냐는 것입니다. 이는 므비보셋을 기회주의자로 몰아붙이는 다윗의 감정적인 마음을 볼 수 있는 구절입니다.

그런데 므비보셋의 대답은 참으로 눈물겹습니다. 그 대답이 26절 이하입니다.

"나는 두 다리를 절고 있는 불구자가 아닙니까? 왕이 피난길에 오를 때 내가 나귀에 안장을 지워 타고 왕과 함께 가려고 했습니다. 그런데 내 종 시바가 나를 속이고 내 나귀를 타고 왕께로 가버렸습니다. 그리고 나를 내 주 왕께 모함하였습니다. 왕은 이것이 어찌된 일인지 판단하지 못하시겠습니까? 처분대로 하십시오. 나의 아버지, 할아버지 온 집이 왕 앞에서는 다만 죽을 사람이 아닙니까. 그러나 왕은 개 같은 나를, 이 종을 왕의 상에서 음식 먹는 자 가운데에 두셨고, 왕자같이 대해 주셨습니다. 나에게 무슨 원이 더 있겠습니까."

이 말을 들은 다윗은 그때야 사태의 진상이 파악되었습니다. 자신이 지금 엄청난 실수를 하고 있다는 것을 깨닫게 되었습니다. 16장에서 시바의 말만 듣고 므비보셋의 전 재산을 시바에게 넘겨준 자신의 경솔함을 후회합니다. 그래서 29절에서 이렇게 판단을 내립니다.

"왕이 그에게 이르되

네가 어찌하여 또 네 일을 말하느냐
내가 이르노니
너는 시바와 밭을 나누라."

이것은 재산의 모든 소유권은 므비보셋에게 환원시키고 대신 시바로 하여금 토지를 경작하게 하여 세를 받으라는 것입니다.

그런데 이 상황에서도 므비보셋의 대답은 또 한 번 본문을 읽는 우리의 가슴을 찡한 감동으로 물결치게 합니다. 30절입니다.

"므비보셋이 왕께 아뢰되
내 주 왕께서 평안히
왕궁에 돌아오시게 되었으니
그로 그 전부를 차지하게 하옵소서."

므비보셋의 관심은 오직 다윗이 평안히 왕궁으로 돌아오는 것뿐이었습니다. 그것이면 족하다는 것입니다. 이미 시바에게 준 재산을 다시 돌려받는 것은 관심이 없다는 것입니다. 그 재산을 그대로 시바가 다 갖도록 하라는 것입니다. 이 상황을 한 마디로 집약하면 '의리(義理)' 입니다.

의리(義理)가 무엇입니까? 사람으로서 지켜야 할 도리입니다.

오늘을 살아가는 우리에게 의리의 삶은 어떤 것이 있을까요?

1. 첫째는 동고동락의 마음과 생활입니다.

1997년 IMF로 인해 많은 사람들이 힘든 생활을 할 때였습니다. 우리 교회 교인들도 예외는 아니었습니다. 그와 관련되어 부도로 인하여 본의 아니게 감옥에 간 장로님도 계셨습니다.

그날부터 저는 보일러의 온도를 낮추고 구치소 온도와 맞추어 생활한 때가 있었습니다.

어느 새벽기도를 마치고 나오던 시간 "하나님, 한 달에 만원이라도 십일조를 할 수 있게 해 주십시오."라는 절규에 가까운 기도 소리를 듣고는 충격으로 발걸음을 옮기지 못하였던 날도 있었습니다.

현관에서 기다리고 있다가 눈이 퉁퉁 부어 나오는 그 집사님을 말없이 안아주었습니다. 그 때 아무 말도 못하고 울기만 하던 집사님의 어깨를 감싸고 저 역시 아무 말도 하지 않았습니다. 그렇게 눈물을 삼키며 그저 목회자로서 하나님의 어린 양을 안아주고 헤어졌던 날이 있었습니다.

그 후 성도들이 식사 대접을 하려고 하면서 무엇을 좋아하는지 물으면 '된장찌개를 좋아한다'고 했습니다. 그래서 대부분을 된장찌개로 식사 대접을 받았습니다. 그 때마다 성도들의 말은 동일했습니다.

"어쩌면 평생 대접할 수 있는 차례가 한 번밖에 오지 않을지도 모르는데 어떻게 된장찌개를 대접합니까?"

저의 대답도 역시 동일했습니다.

"좋은 대접은 대접 받는 자가 먹고 싶다고 하는 것을 대접하는 것입니다."

저는 어릴 때 생일날이면 고기를 달라고 울었습니다. 그때 누나는 된장 덩어리를 고기라고 하면서 숟가락에 올려 제 입에 넣어주었습니다. 덩어리를 씹던 저는 "고기가 아니잖아!" 하면서 울었습니다.

그런 가난의 기억 때문에 저는 된장찌개를 좋아하지 않았습니다. 그러나 IMF를 지나오며 성도들의 고통에 동참하려고 하면서부터 정말 된장찌개를 좋아하게 되었습니다.

그리고 10년의 세월이 지나고 여러분 앞에 제가 된장찌개를 제일 싫어한다고 고백을 했습니다. 그때 많은 분들이 눈시울을 붉히던 것을 지금도 기억하고 있습니다.

므비보셋은 다윗이 피난길에 오른 후 발을 맵시 내지 않았고 수염도 깎지 않았으며 옷도 빨지 않았습니다. 그것은 피난길에 오른 다윗과 고난을 함께 하고자 하는 마음이었습니다. 그것이 바로 의리입니다.

한 때 안방극장을 울렸던 연속사극 '다모'의 주연이었던 황보 종사관이 관비 채옥에게 했던 말이 있습니다. "아프냐? 나도 아프다" 라는 대사였습니다. 그 말은 많은 사람들의 심금을 울렸습니다. 그 말 한마디에 녹아 있는 깊고 애절한 사랑 때문에 그렇게 수많은 시청자들이 감동했을 것입니다.

김종환 씨의 '사랑을 위하여' 라는 노래 가사 중에 이런 대목이 있습니다.

"내가 아플 때보다 네가 아파할 때가
내 가슴을 철들게 했고
너의 사랑 앞에 나는 옷을 벗었다
거짓의 옷을 벗어버렸다."

개인주의와 기회주의가 극에 달하는 요즈음 시대에 의를 이야기하면 바보라고 할지도 모릅니다. 그래도 우리 그리스도인들은 의리의 정신과 삶을 살아야 합니다.

이해관계에 집착되어 달면 삼키고 쓰면 내뱉는 치졸스러운 인격과 신앙을 가져서는 안 됩니다.

힘들고, 아프고, 어렵고, 고통스러워도 사랑한다면, 사랑이 있다면 모든 순간에 함께 할 수 있어야 합니다. 그것이 그리스도인의 삶입니다. 그것이 의리입니다.

2. 둘째는 올바른 판단과 행동입니다.

뉴욕에서 태어나 하버드와 펜실베니아 대학에서 공부를 하고 퓰리처상을 수상한 제임스 미치너(James A. Michener)는 우리나라에서는 『소설』이라는 문학작품을 통해 잘 알려진 작가입니다.

'린든 존슨' 대통령 당시의 어느 날 제임스 미치너는 백악관으로부터 우수한 120명의 학자들을 위한 만찬에 초대를 받습니다. 그런데 미치너는 정중한 거절의 편지를 보내고 불참을 합니다.

그 거절의 이유는 지금도 유명한 일화로 남아 감동을 주고 있습니다. 이유인즉, 백악관의 초청을 받기 3일 전에 이미 다른 곳으로부터 초청을 받았습니다. 그가 초청을 받은 곳은 펜실베니아의 한 시골마을이었습니다. 그리고 초청을 한 사람은 자신에게 글 쓰는 법을 가르쳐주신 고등학교 은사였습니다.

미치너의 은사인 '해나 커크 매튜니스' 선생님은 그 때 65세가 되어 정년퇴임을 하게 된 훌륭한 여선생님이었습니다. 그녀는 자신의 퇴임식 만찬에 훌륭한 작가가 된 사랑하는 제자 미치너를 초대했습니다.

영광스러운 자리 백악관의 초대를 거절하고 펜실베니아의 한 시골마을에서 은퇴를 하는 은사의 만찬에 참석한 제임스 미치너의 모습은 이 시대를 살아가는 우리에게 진정한 의리가 무엇인가를 행동으로 잘 보여주고 있습니다.

불의가 무엇입니까? 의리에 어긋남입니다. 어긋남이 무엇입니까? 바른 판단을 하지 못하는 것입니다.

종 시바는 거짓과 간계로 다윗의 마음을 흐리게 하여 그가 올바른 판단을 하지 못하게 했습니다. 그리하여 주인 므비보셋의 재산을 가로챘습니다. 므비보셋은 그로 인해 다윗에게 억울한 일을 당해야 했고 기회주의자로 오해를 받아야 했습니다.

그럼에도 불구하고 다윗을 대하는 본문의 므비보셋의 마음과 언행은 우리에게 참으로 많은 메시지를 주고 있습니다. 인생에 무엇이 더 귀하고 덜 귀한지를 정확하게 짚었습니다. 재물이 결코 은혜보다 귀할 수 없다는 것입니다. 이미 자신은 죽은 개 같은 자였는데 다윗이 아버지를 생각하여 할아버지의 소유였던 전 재산을 자신에게 주었고 왕자처럼 대해 준 것으로 족하다는 것입니다.

므비보셋의 마음은 다윗에게 은혜를 입은 것에 대한 고마운 마음 그 자체였습니다. 설령 다윗이 자신의 재산을 종 시바에게 주어버렸을지라도 그것은 다윗이 잘못해서가 아니라고 합니다. 단지 시바의 속임수에 넘어간 다윗이 오해를 하여 그리했던 것뿐이라는 것입니다. 그러니 므비보셋의 마음에는 다윗에 대한 섭섭함이 있을 수가 없었습니다.

그러나 그것이 어디 말처럼 그리 쉬운 마음자리겠습니까? 예, 그렇습니다. 쉽지 않기 때문에 귀한 것입니다. 그것이 바로 의리입니다. 그러므로 므비보셋의 마음과 인격이 오늘 우리들의 마음에 사랑의 물줄기가 됩니다.

중학생 아들이 백혈병에 걸려 머리를 밀고 병실에 누웠습니다. 먹지도 않고 웃음도 없고 하루하루 몸도 마음도 쇠약해져 갔습니다.

어느 날 고등학교 다니는 형이 머리를 깎고 병실에 나타났습니다. 동생의 얼굴은 놀란 듯 했지만 역시 말은 없었습니다.

다음 날 직장을 다니는 큰 형이 머리를 깎고 병실에 나타났습니다. 그때부터 동생의 얼굴에 웃음이 돌기 시작했습니다. 그래도 대화는 없었습니다.

그 다음 날 아버지가 머리를 깎고 병실에 나타났습니다. 아들은 말없이 밥을 먹기 시작했습니다.

그 다음 날 어머니가 머리를 깎고 병실에 나타났습니다. 아들은 아무 말없이 엄마의 가슴에 얼굴을 묻고 울기 시작했습니다. 그리고 첫 대화를 시작했습니다.

"엄마~ 사랑해!"

"엄마도 널 사랑해."

이것이 가족 간의 의리입니다. 사랑입니다.

이 마음이 우리의 마음이어야 합니다. 이 마음이 우리 교회 성도들의 마음이어야 합니다. 이것이 예수 그리스도를 구주로 고백하며 믿는 모든 성도의 마음이어야 합니다. 그것이 사람의 마땅히 해야 할 도리입니다. 그것이 의리입니다.

사랑하는 성도 여러분, 이 의리가 여러분의 모든 삶에 자리하기를 예수님의 이름으로 축복합니다. 아멘!

5
선행(善行)

"나는 네가 좋아하는 대로
그에게 베풀겠고
또 네가 내게 구하는 것은 다
너를 위하여 시행하리라 하니라"
〈사무엘하 19:31~43 중〉

국민들의 마음을 아리게 하는 한 사망 소식이 안방에 전달되었습니다. 내용인즉 '기부천사, 기부전도사'로 익히 잘 알려진 김우수 씨가 사고를 당했다는 것입니다.

김우수 씨는 중국집 배달원으로 일을 하며 매달 70여만 원의 월급을 받았습니다. 그 중에서 매월 10여만 원을 어린이재단에 기부하여 2006년부터 지금까지 5명의 어린이를 도우면서 살아가던 사람입니다. 그런 그가 지난 23일 배달을 나갔다가 강남 일원동의 한 교차로에서 야반때 승용차와 정면충돌하면서 사망한 것입니다.

우리가 가슴 아파하는 것은 김우수 씨가 어려운 생활을 하면서도 신실한 성도로서의 교회생활과 아름다운 선행을 꾸준하게 해 왔다는 사실 때문일 것입니다.

'오른손이 하는 것을 왼손이 모르게 하라'는 말씀대로 우리 교회도 드러내지 않고 잠잠히 섬겨가는 아름답고 가슴 찡한 감동스토리를 엮어가는 분들이 헤아릴 수 없이 많습니다. 그런 선행들을 알게 될 때마다 저는 제가 포항중앙교회 담임목사라는 사실에 말할 수 없이 감사하고 또 눈시울이 젖습니다. 우리 교회는 그만큼 아름다운 선행이 많습니다.

탈무드에서는 선행에 대한 정의를 이렇게 했습니다.

"나무는 그 열매에 의해서 평가되고 사람은 행실에 의해서 평가된다."

명심보감에서도 '종과득과(種瓜得瓜), 종두득두(種豆得豆)'를 가르쳤습니다. 오이를 심으면 오이를 맺고 콩을 심으면 콩을 거둔다는 말입니다.

성경에도 선행과 관련된 말씀이 많이 있습니다. 그중의 몇 곳을 오늘의 말씀으로 받겠습니다.

잠언 17:13입니다.

"누구든지 악으로 선을 갚으면
악이 그 집을 떠나지 아니하리라."

누가복음 6:45입니다.

"선한 사람은 마음에 쌓은 선에서 선을 내고

악한 자는 그 쌓은 악에서 악을 내나니
이는 마음에 가득한 것을 입으로 말함이니라."

갈라디아서 6:9입니다.

"우리가 선을 행하되 낙심하지 말지니
포기하지 아니하면 때가 이르매 거두리라."

그렇습니다. 선을 행하게 되면 자기 자신이 먼저 기쁨과 만족을 느낍니다. 동시에 많은 사람들의 마음을 훈훈하게 해 줍니다. 그래서 선을 행하는 것은 인생 최고의 행복입니다.

그래서 '임마누엘 칸트(immanuel Kant 1724-1804)'는 행복이란 혼자서 느끼는 것이 아니라 모든 사람과 더불어 느낄 때에 진정한 행복이 되는 것이라고 갈파했습니다.

이번 본문은 이와 같은 선행의 모델이라 할 수 있는 바르실래의 이야기입니다.

훌륭한 사람은 그 사람 자신도 훌륭하지만 곁에서 돕는 훌륭한 자들이 반드시 있었습니다. 삼국지의 유비가 훌륭한 것은 관우와 장비가 있었기 때문입니다. 이스라엘의 다윗이 훌륭한 왕이 된 것은 그의 생애에 하나님께서 붙여주신 훌륭한 협력자들이 늘 함께 있었기 때문입니다.

영웅은 하늘이 낸다는 말이 있습니다. 그것은 영웅이 영웅 되도록 만들어가는 사람들을 하늘이 그들 곁에 붙여 준다는 뜻입니다.

다윗이 아들의 반란에 예루살렘 왕국을 떠나 쫓겨 가는 위급한 상황에서 만난 다양한 사람들을 우리는 살펴보았습니다.

어느 때라도 마찬가지지만 어려울 때는 항상 두 부류의 사람들이 등장합니다. 다윗이 아들에게 배반당해 쫓겨 가는 상황에서도 그 두 부류의 사람들이 다윗 곁에 등장했습니다.

한 부류는 다윗의 환난 날에 그와 함께 고난 받기를 기꺼이 하며 다윗을 위로하는 사람들이었습니다. 충직한 장수 아비새, 망명 온 장수 잇대, 제사장 사독과 아비아달, 그들의 아들 아히마아스와 요나단, 아렉사람 후새, 그리고 오늘 본문의 바르실래가 있었습니다.

또 하나의 부류는 다윗의 환난 날에 그를 괴롭히고 속이며 저주했던 사람들입니다. 군장 아히도벨과 시바, 그리고 시므이가 그들입니다.

물론입니다. 다윗과 함께 고난을 견디었던 사람들의 족보는 영광의 기록이었습니다. 그러나 다윗을 괴롭혔던 사람들의 족보는 불명예와 패망을 맞이한 기록이었습니다. 이것을 성경은 분명하게 기록하고 있습니다. 왜 이런 것을 세세히 기록하겠습니까? 예! 우리로 하여금 읽고 깨달으라는 것입니다.

그 신실한 사람들 가운데 등장하는 바르실래의 이야기는 그야말로 감동스토리입니다. 그것이 이장의 본문입니다.

다윗이 예루살렘 왕궁으로 환도(還都)하려고 요단을 건너려 할 때였습니다. 그 강변으로 흰 머리와 수염을 휘날리며 여든의 노인 바르실래가 다시 또 나와 다윗을 맞습니다. 바르실래가 누군지 기억하시겠습니까?

사무엘하 17장에서 다윗이 압살롬의 추격을 피하여 이리저리 도망하다가 지칠 대로 지쳐 마하나임에 이르렀을 때였습니다. 그 때 편히 누워 쉴 자리조차 없던 다윗에게 잠자리를 마련해 주었습니다. 온갖 음식을 준비하여 다윗과 그를 따르는 백성들을 먹고 마시게 했습니다. 그 어른이 바로 바르실래였습니다. 그 분이 이제 환궁하는 다윗을 축하하며 진심어린 영접을 하는 것이었습니다.

이와 같은 바르실래의 선행에 대하여 그가 행한 선행이 어떤 것이었는지 몇 가지 주목하여 살피도록 하겠습니다.

첫째는 내가 만난 작은 자를 최선을 다해 돕는 최선의 선행입니다.

작은 자가 누구입니까?

지금 나의 도움이 필요한 사람입니다. 우리는 톨스토이의 '세 가지 질문'을 잘 압니다.

하나, 이 세상에서 가장 소중한 시간이 언제냐?

지금이다.

둘, 가장 귀한 사람이 누구냐?

지금 내가 만난 사람이다.

셋, 귀한 일이 무엇이냐?

지금 내가 만난 그 사람에게 선을 베푸는 것이다.

맞습니다. 그것이 진정한 선입니다.

바르실래는 그래서 선행의 본이 되는 사람입니다.

사람이란 누구를 무론하고 이해관계와 득실을 계산하면서 살아갑니다. 돕는 것도 자신에게 득이 될 때 베풀기 쉽고, 나누기도 쉬우며 섬기기도 쉽습니다.

그러나 상대방이 힘들고 어렵고, 도와주어도 별로 자신에게 돌아올 유익함이 없겠다고 계산될 때는 섬기고 돕는 것이 그리 쉽지 않습니다.

다윗이 압살롬에게 쫓겨 도망 온 마하나임은 작은 시골입니다. 예루살렘에서 동쪽으로 약 200㎞ 떨어진 요단강 건너편 조그마한 시골인 길르앗 땅입니다.

아들에게 쫓겨나서 이곳까지 도망쳐 온 다윗은 거처할 곳도 없었고, 먹을 양식도 없었습니다. 입을 옷인들 있었겠습니까? 없었습니다. 모든 것이 궁핍한 가난의 상황이었습니다.

이런 사람들을 돕는다는 것은 현재 왕권을 잡은 압살롬이 알게 되었을 때의 후환이 두려운 일입니다. 그럼에도 바르실래는 다윗과 그를 따르는 사람들에게 먹을 것을 주었습니다. 그리고 따뜻하게 보살펴 주었습니다.

옛말에 "정승 집의 개가 죽으면 문상하는 사람이 많으나 정승이 죽으면 찾아오는 이가 없다"는 말이 있습니다. 세상인심이 그렇다는 뜻입니다.

지금 온 세계 기독교인들이 걱정하는 서울의 모 교회를 보십시오. 정말 별 볼일 없는 사람들이었지만 교회가 커서 함께 영향력을 미칠 정도로 소위 거물이 된 사람들이 담임목사가 힘이 있을 때는 그 앞에서 죽는 시늉까지 했습니다. 그러나 그 분이 나이가 많아 일선에서 물러나게 되자 곧 바로 그분의 일을 미주알고주알 끄집어내어 낭패케 하고 있습니다. 이런 참담한 현실이 언론에 보도되고 있습니다.

그 교회의 역사와 실상을 알지 못하는 사람들은 왜곡된 보도만 듣고 혀를 찹니다. 그러나 내용을 아는 사람들은 인생무상(人生無常)을 보는 것 같아 허탈합니다.

본문의 이 바르실래는 다윗이 권좌에 있을 때 그를 도운 것이 아닙니다. 오히려 다윗이 쫓기는 자가 되었을 때 그를 도와주었습니다. 어려움을 당하고 비참한 상황에 처했을 때 도와주었다는 것입니다. 이것이 진짜 도움입니다.

둘째는 이해관계를 뛰어넘어 돕고 베푸는 선행입니다.

진정한 친구 이야기가 있습니다.

아버지가 아들에게 항상 친구를 잘 사귀어야 한다고 권고했습니다. 아들은 자신의 친구들은 다 좋은 친구들이라고 늘 자랑을 했습니다. 아버지는 아들의 친구들이 정말 좋은 친구들인지 시험을 해 보기로 했습니다. 그리고 아들과 함께 돼지 한 마리를 잡아 멍석에

둘둘 말아 지게에 짊어지운 후 아들로 하여금 한밤중에 그 친구들의 집으로 찾아가게 했습니다. 그리고 도움을 요청하라고 했습니다.

"여보게 내가 언쟁을 하다가 그만 사람을 죽였는데 자네가 나와 함께 어디 좀 묻을 수 있도록 도와주게."

아들은 이 친구 저 친구 집을 다 찾아다니며 도움을 구했습니다. 그러나 누구 하나 나서서 도우려고 하지를 않았습니다.

그러자 이번에는 아버지가 아버지의 친구 집을 찾아가 보자고 하였습니다. 아들과 아버지는 아버지의 친구 집을 찾아가 똑같이 이야기를 했습니다. 그러자 아버지의 친구들은 황급히 뛰어나와 도와주겠다고 했습니다.

아버지는 친구들에게 자초지종을 설명하면서 함께 돼지를 구워 잔치를 벌였습니다. 그리고 아들에게 조용히 일렀습니다.

"함께 몰려다니는 사람이라고 다 친구는 아니란다. 어려울 때 도와주는 친구가 진정한 친구란다."

정치에 있어서 가장 귀히 여기는 것이 정치도의(政治道義)입니다. 조석으로 변질되는 것이 정치판이라고 하지만 역사에 길이 남는 인물들의 공통점은 정치도의를 지킨 사람들이었습니다. 소위 쓰면 뱉고 달면 삼키는 사람들의 정치의 말로가 어떤 것인가는 역사가 증언하고 있습니다. 그래서 우리는 그것을 알고 또 보고 있습니다.

때로는 손해를 보기도 합니다. 억울하기도 하고 아픔을 겪기도 합니다. 그러나 그런 속에서도 정치도의를 지키는 사람들은 정치역사에 훌륭한 정치인으로 그 이름을 남깁니다.

정치도의란 '정치적으로 지켜야 할 최소한의 예의, 규범, 금도(襟度)의 덕목'이라고 할 수 있습니다. 그것은 '상호신뢰'와 '상호존중', '진정성'을 전제로 하는 것입니다.

그런데 우리의 정치현장을 두고 치정변괴(癡政變怪)라고 말한다면 가혹한 표현이 될까요?

진정한 정치도의란 눈앞의 작은 이해관계에 매몰되지 않을 때라야 볼 수 있는 투명한 보석과도 같은 것입니다.

그리스도인에게는 신앙도의(信仰道義)가 있습니다. 그것을 기독교에서는 순교(殉教)라는 이름으로 승화하여 명명합니다.

히브리서 11장은 언어로는 다 표현할 수 없는 고난과 역경과 죽음을 겪으면서도 변질되지 않는 신앙을 지켜낸 믿음의 선조들에 대한 역사의 기록입니다.

그런데 언제부터인가 현대 기독교인들에게서는 이 신앙의 도의를 찾기가 어렵게 되었습니다. 다시 말하면 하나님의 기준에 순종하는 것이 믿음임에도 그 기준이 자기가 되어버렸다는 것입니다. 가치기준도, 삶의 법칙도, 신앙생활도, 그 기준이 하나님이 아닌 자기가 되어버린 것입니다.

그래서 요즘 세상에서는 교회만큼 쉽게 뒤집기를 하는 곳이 없다고 비아냥거리는 소리를 종종 듣습니다. 교인들만큼 쉽게 변질되는 것이 없다고 비아냥댑니다. 죽으면 죽으리라는 신앙의 도의는 참으로 찾기가 어렵게 되었습니다.

왜 교회가 이 지경이 되었을까요?

그 나라, 하나님 나라에 대한 믿음이 없기 때문입니다. 무섭도록 철저하게 세상적으로 타락해 버렸기 때문입니다. 그러니 베풂과 섬김, 나눔과 도움이 메말라 갑니다. 교회생활에서 무엇을 하든지 이해관계를 통해 득실을 따지는 비참한 현상에 모두가 허우적거리고 있습니다.

그래서 강단에서 목사가 멱살을 잡히고 끌려 내려옵니다. 교회 밖에서는 교회는 싸움 잘하는 곳이라고 얼굴색도 변하지 않고 말합니다. 교인들이 사기치고 거짓말하는 것이 예사가 되고 참으로 무서울 정도로 이기적이 되어갑니다.

도대체 왜 그런 것입니까?

그 나라에 대한 믿음이 없기 때문입니다. 신앙인이기 전에 인간적으로도 도의(道義)를 상실하였기 때문입니다.

인간적인 도의를 뛰어넘는 것이 신앙적으로는 순교로 표현됩니다. 그런데 이제는 현대교회사에서 순교라는 말은 동화 같은 이야기가 되어버리고 말았습니다.

이 시대에 하나님께서는 본문의 바르실래를 통해 우리에게 말씀하십니다. 신앙인의 삶의 모습이 어떠해야 하는가에 대하여 말씀입니다. 그런 바르실래의 모습을 통해 말씀을 받으십시다.

상황은 다윗이 권좌에서 쫓겨난 때입니다. 압살롬이 아버지 다윗의 왕위를 찬탈하여 권력을 쥐고 있었습니다. 그러자 다윗을 따르던 사람들도 모두 압살롬에게로 갔습니다. 권력의 추가 당연히 압살롬에게로 기울었습니다. 이럴 때 다윗을 돕는다는 것은 위험천만한 일입니다.

그럼에도 바르실래는 다윗을 도왔습니다. 누가 뭐라 해도 하나님은 다윗을 이스라엘의 왕으로 세웠고 압살롬은 반역을 했다는 역사적 사실을 바르실래는 바로 보고 있었습니다. 하나님이 세우신 왕은 다윗이지 결코 압살롬이 아니라는 것을 알고 있었다는 말입니다.

당시 바르실래는 마하나임의 족장이었습니다. 웬만한 사람이라면 정치 판도를 잘 알고 있었습니다. 어떻게 해야 자기가 입신출세를 하는 지도 꿰뚫고 있었습니다.

그러나 바르실래는 결단코 기회주의자가 되고 싶지 않았습니다. 그래서 어려움에 처한 다윗을 진심으로 도왔습니다.

이것이 선행의 본입니다.

셋째는 진정한 선행은 대가를 바라지 않고 돕고 베푸는 것입니다.

가장 저질스러운 도움이 대가를 계산하고 돕는 것입니다. 내가 너에게 이렇게 했으니 너도 반드시 나에게 이렇게 해야 한다는 조건적 선행, 그것이 더러운 선행입니다.

진정한 사랑, 진정한 선행은 조건 없이 베푸는 것입니다. 너는 나를 배반할지라도 나는 끝까지 너를 사랑하는 것, 그것이 진정한 사랑입니다.

역사를 보아도 그렇게 사랑하고 그렇게 베풀며 그렇게 도우면서 살아가는 사람이 망하는 것을 보지 못했습니다. 오히려 그런 사람은 반드시 더 많은 은혜를 입고 복을 받습니다.

그러나 계산적으로 베풀고 계산적으로 돕는 사람은 역사 속에서 쓸쓸하게 생을 마무리합니다.

이제 다윗이 환난을 지나 승자(勝者)가 되어 왕궁으로 귀환하는 길입니다. 그 길에 다시 바르실래가 나와 영접하고 있습니다. 다윗은 바르실래가 자신에게 베풀었던 지난날의 고마움을 잊을 수가 없었습니다. 그리하여 바르실래에게 자신과 함께 예루살렘 왕궁으로 가자고 합니다. 그러면 이제는 자신이 바르실래를 섬기겠다는 것입니다. 33절입니다.

"왕이 바르실래에게 이르되
너는 나와 함께 건너가자
예루살렘에서 내가 너를 공궤하리라."

눈물겨운 장면입니다. 어려웠을 때 도와주었던 바르실래를 잊지 않고 기억하는 다윗입니다. 그는 왕이었지만 결코 오만하지 않았습니다. 그에게 은인인 나이 많은 바르실래를 이제는 자신이 공궤하고 싶은 것, 그것이 다윗의 마음입니다. 은혜를 아는 마음입니다. 감사를 아는 마음입니다.

그러나 이런 다윗의 초청의 말에 응하는 바르실래의 대답은 우리로 하여금 더욱 감동을 하게 합니다. 34절 이하의 내용입니다.

"나는 이제 나이가 80이라
기력이 없어 살 날이
얼마 남지 않았습니다.
내 소원은 오직 왕이 요단을 건너
왕궁으로 가시는 것뿐입니다.
나는 상 받을 만한 일을 한 것이 없습니다.
백성으로서 왕을 섬긴 것은 당연한 일입니다.
이제 고향에서 남은 생애를 살다가
부모님 묘 곁에 묻히고 싶은 것뿐입니다.
다만 청이 있다면
아들 '김함'이 왕의 은총을 입었으면
원이 없겠습니다."

이 은백의 은인의 말에 감동한 다윗은 기꺼이 그의 청을 수락합니다. 그리고 바르실래의 아들 김함을 데리고 왕궁으로 귀환합니다. 아름다운 인간관계의 극치를 보여준 두 사람의 모습입니다.

이 바르실래에 관한 역사적인 일들을 좀 앞당겨 조금만 언급하고자 합니다. 열왕기상 2장에 이르러 다윗이 죽을 때가 가까웠습니다. 이 때 아들 솔로몬에게 여러 가지 유언을 하는 내용이 기록되어 있습니다. 그 가운데 바르실래에 관해서도 말을 하고 있습니다. 열왕기상 2장 7절입니다.

"마땅히 길르앗 바르실래의
아들들에게 은총을 베풀어
그들이 네 상에서 먹는 자 중에
참여하게 하라.
내가 네 형 압살롬의 낯을 피하여 도망할 때에
그들이 내게 나왔느니라."

그리고 이어지는 8절에서 다윗은 반드시 또 기억할 것 한 가지를 아들 솔로몬에게 상기시켰습니다.

"바후림 베냐민 사람
게라의 아들 시므이가 너와 함께 있나니
그는 내가 마하나임으로 갈 때에
악독한 말로 나를 저주하였느니라
그러나 그가 요단에 내려와서 나를 영접하므로
내가 여호와를 두고 맹세하여 이르기를
내가 칼로 너를 죽이지 아니하리라 하였노라.
그러나 그를 무죄한 자로 여기지 말지어다.
너는 지혜 있는 사람이므로
그에게 행할 일을 알지니
그의 백발이 피 가운데
스올에 내려가게 하라."

솔로몬은 아버지 다윗의 유언을 받들어 그대로 시행을 합니다.

이것이 역사입니다. 이것이 행한 대로 갚으시는 하나님의 섭리입니다.

그러므로 우리는 이 땅을 살아가는 동안 선을 행하는 삶을 살아야 합니다. 나의 도움이 필요한 이웃을 외면하지 마십시오. 하나님께서 다 보고 계십니다.

여러분에게 있는 것으로 할 수 있는 최선을 다하여 선을 행하십시오. 그리고 낙심하지 마십시오. 피곤하지 아니하면 때가 이르러 거둘 것입니다.

이 모든 축복의 걸음이 저와 여러분의 것이 되기를 예수님의 이름으로 축복합니다. 아멘!

6
우리를 파멸하게 하는 것

"유다 사람의 말이
이스라엘 사람의 말보다
더 강경하였더라"
〈사무엘하 19:40~43 중〉

20세기의 성자라 불리는 간디는 "우리를 파멸케 하는 것 7가지"를 갈파했습니다. 첫째가 원칙 없는 정치요, 둘째는 근로 없는 축재며, 셋째는 양심 없는 쾌락, 넷째는 인격 없는 지식이며, 다섯째는 인간성 없는 과학이요, 여섯째는 도의 없는 기업이며, 마지막 일곱째는 희생 없는 신앙이라고 했습니다.

성경은 우리를 파멸케 하는 근원적인 내용에 대하여 신명기 8:19에서 이렇게 설명합니다.

"네가 만일
네 하나님 여호와를 잊어버리고
다른 신들을 따라 그들을 섬기며

그들에게 절하면
내가 너희에게 증거하노니
너희가 반드시 멸망할 것이라."

인간이 자신을 만드신 하나님을 잊어버리고 엉뚱한 것을 섬기면 멸망할 것이라는 것입니다.

왜 인간들은 하나님을 잊어버리는 것일까요? 그 대답은 신명기 8:14입니다.

"네 마음이 교만하여
네 하나님 여호와를 잊어버릴까
염려하노라."

마음이 교만하면 하나님을 떠납니다. 그리고 결국은 하나님을 잊어버립니다.

역대기하 26:16을 보면 웃시야가 그랬습니다.

왜 그랬을까요?

그가 강성하여지자 그 마음이 교만해졌기 때문입니다. 마음이 교만하면 하나님을 잊어버립니다. 하나님을 잊어버리면 그 마지막은 파멸입니다.

잠언 16:18이 이에 대하여 가르칩니다.

"교만은 패망의 선봉이요
거만한 마음은
넘어짐의 앞잡이니라."

교만은 무례(無禮)입니다. 예의가 없다는 것입니다. 교만은 망령(妄靈)된 것입니다. 텅 빈 인격과 영혼입니다. 즉 자기 분수를 모르는 것입니다. 그래서 함부로 지껄입니다. 상황에 대한 분별력도 없습니다. 그래서 제 멋대로 행동합니다.

나무의 생명이 어디에 있습니까?

뿌리에 있습니다. 빙산은 99%가 보이지 않는 물속에 잠겨있습니다. 진정한 힘은 드러나지 않는 내면에 있습니다. 갖추지 못한 사람일수록 큰 소리를 칩니다.

무술의 고단자는 내공의 힘을 가지고 있습니다. 진정한 의사는 자기 의술을 과시하지 않습니다.

하나님을 사랑하고 경외하는 사람은 자기를 앞세우지 않습니다. 그러나 어리석은 사람은 기회만 되면 자기를 나타내려고 합니다.

그렇습니다. 교만한 마음은 파멸로 가는 지름길입니다. 그 교만과 함께 동행하는 것이 미움입니다. 인간의 타락한 본성이 미움이기 때문에 타락한 마음이 바로 교만과 미움으로 가득한 것입니다. 미움이 마음에 가득차면 잘못된 모든 것이 '네 탓'이 됩니다. 그러나 사랑이 마음에 가득차면 잘못된 모든 것이 '내 탓'이 됩니다.

아담의 마음에 미움이 채워지면서 타락의 책임을 하와에게 돌렸습니다. 더 나아가 하나님께로 돌렸습니다. 창세기 3:12에 "하나님이 주셔서 나와 함께 있게 하신 여자 그가 그 나무 열매를 내게 주므로 내가 먹었나이다."라고 책임을 하나님께 떠넘겼습니다.

하와의 마음에 미움이 채워지면서 뱀에게 책임을 돌렸습니다. "뱀이 나를 꾀므로 내가 먹었나이다(창3:13)."라고 책임을 뱀에게 떠넘겼습니다.

가인의 마음에 미움이 채워지면서 아벨을 돌로 쳐 죽입니다. 그러자 하나님께서 네 동생이 어디 있느냐고 물으시며 가인의 양심에 죄를 깨우치십니다. 그러나 가인은 "내가 내 아우를 지키는 자니이까(창4:9)."라고 안색이 변하며 뻔뻔스러운 변명을 했습니다.

사울의 마음에 미움이 채워지면서 다윗을 죽이려고 10여 년을 쫓아다녔습니다. 그 결과가 무엇이었습니까?

예, 우리가 잘 아는 대로 사울은 파멸하고 말았습니다.

그러므로 우리를 파멸하게 하는 것은 교만입니다. 교만은 하나님이 그 마음에 계시지 않는 것입니다. 그래서 하나님은 야고보서4:6에서 말씀하셨습니다.

"교만한 자를 물리치시고
겸손한 자에게
은혜를 주신다 하였느니라."

그런데 참 아이러니 한 것은 교만한 자는 자기가 교만한 줄을 모른다는 것입니다. 그리고는 오히려 다른 사람을 향하여 교만하다고 정죄를 합니다.

그렇게 하는 것은 그 사람이 말씀의 거울 앞에 서 있지 않기 때문에 그렇습니다. 말씀의 거울 앞에 서서 보면 자신을 볼 수 있습니다. 그러면 회개하고 낮아지며 사랑하면서 살아갈 수 있습니다.

교만한 마음에는 말씀이 없습니다. 말씀이 없으니 당연히 정사(正邪)의 분별력이 없습니다. 모든 것이 자기 자신의 생각이 기준이 되어 말하고 행동하게 됩니다.

이번 본문은 그런 내용입니다. 교만과 미움이 뒤엉킨 사람들로 인해 일어나는 사건이 본문입니다. 이 사건은 유다와 이스라엘의 충돌 사건입니다.

그런데 바로 이 사건은 오늘 우리 사회에서도 그대로 일어나고 있는 일이기도 합니다. 그래서 더욱 이 본문이 우리에게 많은 깨우침을 줍니다.

다윗이 예루살렘 왕궁으로 귀환합니다. 때에 유다 백성들이 다윗을 안내하여 요단강을 건넜습니다. 그리고 길갈까지 왔습니다. 그 때 이스라엘의 정치 지도자들이 다윗을 영접하러 왔습니다. 그런데 상황을 보니 다윗 왕을 대대적으로 환영하고 영접하는 우선권이 이스라엘 열 지파의 결속인 자신들이 아닌 유다 지파 백성들이 갖고 있다는 것을 알게 되었습니다.

여기서 한 가지 먼저 짚어 보려는 것이 있습니다. 진정으로 나라를 생각하고 다윗의 왕궁 귀환을 축복하며 환영한다면 유다가 먼저면 어떻고 이스라엘이 먼저면 어떠냐는 것입니다. 그런데 유감스럽게도 본문의 내용은 그것이 심각한 문제로 등장하고 있다는 것을 보여줍니다. 그래서 41절에서 이스라엘이 그 문제를 먼저 제기하고 일어났습니다.

"온 이스라엘 사람이
왕께 나아와 왕께 아뢰되
우리 형제 유다 사람들이
어찌 왕을 도둑하여 왕과 왕의 집안과
왕을 따르는 모든 사람을 인도하여
요단을 건너가게 하였나이까"

참 아이러니합니다. 무슨 말이 이렇습니까? "우리 형제"라고 해 놓고 "왕을 도둑하여"라고 합니다. 말은 한 형제라고 하면서도 실상 오늘 이 일의 주도권은 자기들이 가지겠다는 의도가 이스라엘의 말에 깔려 있습니다. 사용하는 그 단어들이 참 듣기에 민망합니다. "왕을 도둑하여"라고 하니 말입니다.

다윗이 어디 물건입니까? 자기들의 노리개 감입니까?

이 말 한마디에서 믿음 없는 사람들의 본성을 볼 수 있습니다. 다윗 왕을 향한 최소한의 예의조차도 없습니다. 다윗 왕을 존중하는 마음도 보이지 않습니다. 환도하는 왕을 통해 자기들의 속내나 채우려는 계산적인 인간의 본성이 그대로 드러나고 있습니다. 그것이 이스라엘이 사용한 언어에서 백일하에 드러나고 있습니다.

이 사건을 교회로 도입하여 비추어봅니다. 목사가 아무리 약하고 보잘 것 없다 할지라도 성도들은 담임목사라는 이름에 대한 최소한의 예의는 지킬 줄 알아야 합니다. 그럼에도 목사를 이용하여 자기들의 이득이나 챙기려는 교인이 있다면 그런 사람은 바로 이 본문에 등장하는 이스라엘의 속성을 가진 자와 다를 바가 없는 사람이라는 것입니다.

이와 같은 이스라엘의 불만과 문제 제기에 유다 백성들이 대응하는 모습이 42절입니다.

"모든 유다 사람이
이스라엘 사람에게 대답하되
왕은 우리의 종친인 까닭이라
너희가 어찌 이 일에 대하여 분 내느냐
우리가 왕의 것을 조금이라도 얻어 먹었느냐
왕께서 우리에게 선물로 주신 것이 있느냐?"

유다 백성들은 자신들이 친족임을 앞세웠습니다. 그러면서 다윗왕이 자기들을 위해서 한 것은 아무것도 없다고 합니다. 그럼에도 불구하고 자신들이 자발적으로 앞서 왕을 영접하고 모시게 되었다고 합니다.

지금 이스라엘이나 유다나 하나같이 자기들의 입장만 이야기하고 있습니다. 어느 누구도 다윗왕의 형편과 상황에 대해서는 조금도 마음을 쓰지 않고 있습니다. 오직 주도권에 대한 주장만을 펼치며 싸움을 하고 있습니다.

참 신기한 것이 바로 이 주도권 싸움입니다. 그 때나 지금이나 이와 같은 공동체의 주도권을 두고 싸움질을 하는 것은 조금도 다르지를 않습니다.

다윗이 힘이 있을 때는 서로가 일등공신처럼 그의 주변에서 알짱거렸습니다. 그러나 다윗이 압살롬에게 반역을 당해 도망자의 신세가 되자 누구도 다윗 곁에 있으려고 하지 않았습니다.

그러다가 이제 압살롬이 죽고 역사의 물줄기가 다시 다윗에게로 흐르자 유다 백성과 이스라엘 백성들이 하나 같이 자기들이 일등공신인 것처럼 행세하겠다는 것입니다.

이와 같은 주장들 그 어디에도 다윗이 주인공이 아닙니다. 자기들의 유익, 자기들의 이해관계에 따른 반사이익만을 앞세우고 있습니다. 다윗을 앞세워 치졸스러운 주도권 싸움을 벌이고 있는 추태를 보이고 있습니다.

사건의 내용은 달라도 그 때나 오늘날의 교회나 동일한 상황의 동일한 방식이 전개되고 있는 것을 봅니다. 교회에 어떤 상황이 제기되면, 대부분의 사람들은 이 본문처럼 주도권을 먼저 생각합니다.

그것이 자기가 망하고 다른 사람을 망치는 독(毒)인 줄 모릅니다. 그것만 가지면 자기 뜻대로 다 되는 줄 압니다. 그것이 자기를 파멸하게 하는 원인이 된다는 것을 전혀 알지 못합니다. 모두가 약속이나 한 듯 말은 '교회를 위하여' 라고 합니다.

그러나 그 내면에 본문의 유다 사람들과 이스라엘 사람들처럼 자신의 잇속을 먼저 생각하고 그것을 챙기려는 타락한 심사(心思)가 깔려 있다면 참으로 조심해야 합니다. 왜냐하면 그것이 우리 모두를 파멸로 이끌어가는 독(毒)이 되기 때문입니다. 다시 말하면 본질이 아니라 비본질에 마음이 먼저 가 있다는 말입니다.

그러나 그것은 큰 뜻을 이루고자 하는 대의(大義)가 아니라 사욕(私慾)을 이루려는 소인배(小人輩) 정신이라는 것을 똑똑히 명심하시기 바랍니다.

진정한 대의명분(大義名分)은 자기를 내려놓고 자기를 그 목적에서 제외시킬 때 대력(大力)을 발휘합니다. 그것이 영웅정신입니다.

유다 사람들의 반격에 이스라엘 백성들이 43절에서 재 반격을 합니다.

"이스라엘 사람이
유다 사람에게 대답하여 이르되
우리는 왕에 대하여 열 몫을 가졌으니
다윗에게 대하여 너희보다
더욱 관계가 있거늘
너희가 어찌 우리를 멸시하여
우리 왕을 모셔 오는 일에
먼저 우리와 의논하지 아니하였느냐?"

42절에서 다윗을 두고 유다지파가 자신들이 다윗 왕의 정통지파라고 큰 소리를 쳤습니다. 그러자 43절에서 이스라엘 사람들은 12지파 가운데 10지파가 이스라엘 소속으로 지파의 숫자가 우세함을 앞세워 반격을 하는 것입니다. 즉 다윗 왕은 유다 이스라엘 어느 지파의 특별한 정통성이 아니라 모든 지파의 왕이므로 지파의 수가 많은 것이 정통이라는 주장입니다. 그러나 이들의 주도권 싸움은 곧 결판이 납니다. 그것이 43절 마지막 부분으로써 이렇게 기록되고 있습니다.

"유다 사람의 말이
이스라엘 사람의 말보다
더 강경하였더라."

재미있는 것은 지파 수는 훨씬 많지만 이스라엘 사람들의 말은 유다 사람들의 말을 이길 수 없었다는 것을 기록하고 있습니다. 이것은 숫자 우월주의인 이스라엘 사람보다는 공격적 지배주의인 유다 사람들이 더 강했다는 것입니다. 다른 말로 표현하면 합리적인 주장보다는 공격적인 주장이 더 먹혀들었다는 것입니다.

강경하였더라'에 해당하는 히브리어 카솨(קָשָׁה[kaw-shaw'])'는 완강하다, 거칠다, 격렬하다, 날카롭다, 쓰리다, 고집이 세다는 뜻입니다.

한 마디로 이 단어는 동물적인 본능의 공격적인 뜻을 가지고 있습니다. 동물적인 본능이란 상황분석도 없고, 분별도 없으며, 옳고 그름도 없고, 오직 목적 달성만을 하기 위한 것입니다. 사람이 여기에 이르면 공동체가 파멸하게 되는 것입니다.

만약 유다 사람들이 이스라엘 사람들의 제안에 '일리가 있다'고 하면서 '함께 다윗 왕을 위해 일하자'라고 했더라면 다윗 왕의 환궁은 그야말로 축제였을 것입니다. 그러나 유다 사람들도, 이스라엘 사람들도 다윗의 환궁에 대한 환영이 목적이 아니었습니다. 그들은 그것을 통해 자기들에게 돌아올 이익을 챙기려는 사욕 때문에 다투었습니다. 그런 어리석음 때문에 역사는 늘 어두움에 쌓이는 것입니다.

독선적인 1인자 보다는 온유한 2인자가 역사에 길이 남습니다. '목소리만 크다고 장땡'이 아닙니다. 그것이 타락한 세상의 이치일지는 모르지만 하나님의 교회에서는 절대 아닙니다.

온유한 2인자가 하나님의 뜻을 이룹니다. 겸손한 2인자가 역사를 세웁니다. 모자라는 듯한 사람이 공동체의 존경을 받는 진정한 1 인자가 될 수 있습니다.

그것은 일반 역사와 교회 역사에서 얼마든지 보아왔고 지금도 경험하고 있는 일입니다.

모든 면에서 자신이 우월했지만 항상 여호수아를 앞세웠던 2인자가 있습니다. 그는 갈렙입니다. 그를 우리는 주목할 필요가 있습니다.

앞선 위치에 있었지만 항상 바울을 앞세웠던 바나바를 우리는 주목할 필요가 있습니다.

이들의 삶은 진정한 대의명분의 역사를 엮어갔습니다. 이들의 정신은 진정한 협력자의 정신이었습니다.

소위 '이빨 센 사람'이라는 속어가 있습니다. 공동체 모임에서 동물적인 본능의 공격적 언행을 하는 사람들을 일컬어 그렇게들 표현합니다. 그런 사람의 상황은 항상 승자 같으나 지나고 나면 패자의 자리에 있는 것을 봅니다. 이겼다고 생각하지만 사실은 진 것입니다. 그리고 한 세월 지나고 나면 공동체 안에서 설 자리도 없습니다. 허망한 세월을 돌아보면서 자업자득으로 아파하는 자리에 있을 뿐입니다.

그러면 과연 공격적 언행을 했던 유다 사람들이 승리했을까요? 그리고 이스라엘 사람들이 패했을까요?

그렇지 않다는 것이 이번 본문이 주는 메시지입니다. 한 마디로 표현하면 공동 파멸을 가져왔다는 것입니다. 너도 죽고 나도 죽는다는 말입니다.

그 결론은 다음 20장에서 깊이 살펴보도록 하겠지만 이로써 다윗의 환궁 사건은 환영 인파 속에 있던 베냐민 지파인 세바의 반란으로 인하여 또 다시 이스라엘은 다윗을 떠나게 됩니다. 이스라엘이 세바의 반란 대열에 합류하여 돌아섰기 때문입니다. 이것이 파멸의 길이었습니다.

갈라디아서 5:15입니다.

"만일 서로 물고 먹으면
피차 멸망할까 조심하라."

마태복음 20장에도 이와 비슷한 사건이 있었습니다. 야고보와 요한의 어머니가 예수님께 나아와 절하면서 아들들을 위해 요구한 것이 있었습니다.

"나의 이 두 아들을
주의 나라에서 하나는 주의 우편에,
하나는 주의 좌편에 앉게 명하소서."

이렇게 되자 나머지 열 제자들이 웅성거리게 되었습니다. "저게 뭐야? 저것이 말이나 되는 소리야? 웃기는 여자네. 우리는 그럼 뭐야?"

이럴 때 하신 예수님의 한 마디가 정답이었습니다. 그것이 마태복음 20:26~27입니다.

"너희 중에 누구든지 크고자 하는 자는
너희를 섬기는 자가 되고,
너희 중에 누구든지
으뜸이 되고자 하는 자는
너희의 종이 되어야 하리라."

그리고 예수님이 이 세상에 오신 목적, 이렇게 사역하시는 이유를 28절에서 이렇게 말씀하셨습니다.

"인자가 온 것은 섬김을 받으려 함이 아니라
도리어 섬기려 하고
자기 목숨을 많은 사람의 대속물로
주려 함이니라."

우리를 파멸하게 하는 것은 이기주의입니다. 이기주의는 교만이라는 뿌리를 갖고 있습니다. 교만의 뿌리에서 솟아나는 줄기는 아무 열매도 맺지 못합니다.

우리는 주님 예수님처럼, 섬김을 받으려 하지 말고 섬겨야 합니다. 높아지려고 하지 말고 낮아져야 합니다. 사랑 받으려고만 하지 말고 사랑하는 삶을 살아야 합니다.

그 때 나로 말미암아 주변의 모두가 행복하게 되는 것입니다. 그것이 그리스도인의 삶입니다. 그것이 오늘 우리들의 삶이어야 합니다.

여러분들의 삶이 이와 같으시기를 예수님의 이름으로 축복합니다. 아멘!

7
부끄러운 닉네임(nickname)

"마침 거기에
불량배 하나가 있으니
그의 이름은 세바인데
베냐민 사람 비그리의 아들이었더라"
〈사무엘하 20:1~2 중〉

닉네임(nickname)이란 별명을 뜻합니다. 대다수의 사람들은 나름의 별명을 갖고 있습니다. 별명에는 좋은 의미도 있고 나쁜 의미도 있습니다.

하나님도 닉네임이 많습니다.

'여호와'는 영원하신 하나님입니다. '아도나이'는 주(主)가 되신 하나님입니다. '여호와 로이'는 목자의 하나님입니다. '여호와 라파'는 치료의 하나님입니다. '여호와 닛시'는 승리의 하나님입니다. '여호와 샬롬'은 평화의 하나님입니다.

예수님도 닉네임이 많습니다.

선한 목자, 빛, 알파와 오메가, 포도나무, 양의 문, 부활이요 생명, 생명의 떡 등의 좋은 별명입니다.

그런데 예수님께 사람들이 나쁜 닉네임을 붙여준 경우도 있습니다. 예수님이 귀신을 쫓아내자 '바알세불'이라는 별명을 붙였습니다. 귀신의 왕초라는 말입니다.

어떤 사람들은 예수님께 '세리와 죄인의 친구'라고도 했습니다. 이런 별명들은 좋지 않은 별명이지만, 그것은 좋지 않은 사람들이 붙여준 별명일 뿐입니다.

성령님에게도 닉네임이 있습니다.

'보혜사'(保惠師)라는 별명인데 한문 글자 그대로 보호하여 주시고 은혜를 주시고 가르쳐 주시는 분이라는 뜻의 성령님이십니다. '파라크레토스'라는 별명도 있습니다. '파라'라는 말은 '옆'이라는 뜻이고, '크레토스'라는 말은 '도와주는'이라는 의미입니다. 즉, 성령님은 옆에 와서 도와주십니다.

'보증자'라는 별명도 있습니다.

은행에서 돈을 빌릴 때는 보증하는 이가 보증하는 만큼 돈을 빌릴 수 있습니다. 1억의 담보를 보증하면 1억 원을, 10억을 보증서면 10억을 받을 수 있습니다. 그런데 성령님은 우리에게 구원을 보증하여 주십니다.

'능력자'라는 별명도 있습니다.

사도행전 1:8의 말씀대로 성령님이 나에게 임하시면 우리는 그 능력을 힘입어 땅 끝까지 주님의 증인으로 사역할 수 있습니다. 성령의 능력을 헬라어로 '두나미스'라고 합니다. 이 말은 '다이나마이트'라는 말입니다. 엄청난 힘입니다. 핵의 힘은 파괴의 능력이지만 성령의 능력은 생명의 능력입니다.

초대교회 성도들에게도 닉네임이 있습니다.

그리스도인, 보냄을 받은 자, 지혜 있는 자, 성령 충만한 자라는 별명도 있습니다.

요즘 젊은 교인들이 자기들끼리 통용되는 용어로 성도를 칭하는 별명을 들었습니다. 어떤 교인은 교천(교회 천사)이라는 별명으로 불리고 있었습니다. 어떤 교인은 진일(진짜 일꾼)이라는 별명으로도 불리고 있었고, 또 어떤 교인은 약방의 감초, 휴지통, 기천(기부 천사), 미천(미소 천사) 등의 별명으로 불리고 있었습니다.

이런 닉네임을 가진 교인들은 목사에게도 교인들에게도 사랑받고 존경받는 성도들이었습니다.

꼴짐(꼴 보기 싫은 짐승)이라는 별명도 있었습니다. 대꼴인(대책 없는 꼴통 인간), 교또(교회 또라이), 대불왕(대책 없는 불쌍한 왕따)이라는 별명도 있었습니다.

이런 교인들은 그야말로 안타까운 교인들이었습니다. 모든 교인들이 자기를 어떻게 생각하며 보고 있는지를 전혀 알지 못하는 그야말로 독불장군처럼 교회 생활을 하는 사람들입니다.

여러분에게도 닉네임이 있습니까? 있다면 어떤 것입니까? 좋은 닉네임입니까? 아니면 나쁜 닉네임입니까?

이번 본문에는 듣기 민망한 별명을 가지고 있는 한 사람의 이야기가 있습니다. 바로 '세바'라는 사람입니다.

앞장에서 잠깐 살핀 대로 다윗이 예루살렘 왕궁으로 귀환할 때 유다 사람과 이스라엘 사람들이 논쟁을 벌입니다. 논쟁의 요지는 본질을 뒤로한 채 비본질적인 문제로 분란이 일었습니다. 불을 보듯 훤한 공멸의 상황이 전개되고 있었습니다.

예견한대로 '세바'라는 사람이 일어나 결국 또 반란을 일으키면서 다윗의 예루살렘 성으로의 귀환은 출발부터 불편한 일이 일어나고 말았습니다.

이렇게 반란을 일으킨 '세바'는 어떤 사람일까요? 본문 1절을 보겠습니다.

"마침 거기에 불량배 하나가 있으니
그의 이름은 세바인데
베냐민 사람 비그리의 아들이었더라
그가 나팔을 불며 이르되
우리는 다윗과 나눌 분깃이 없으며
이새의 아들에게서 받을 유산이
우리에게 없도다
이스라엘아 각각 장막으로 돌아가라 하매"

여기 '불량배'라는 단어의 원문은 '벨리야알(בְּלִיַּעַל[bel-e-yah'-al])'입니다. 그 뜻은 '무익한 사람, 무가치한 사람, 파괴적인 사람'입니다. 잠언 6:12에서는 '불량한 사람'이라고 했습니다. 잠언 16:27에서는 '악을 도모하는 자'라고 했습니다. 잠언 19:28에서는 '공의를 업

신여기는 자'라고 정의 했습니다. 나훔 1:12에서는 '사특한 것을 권하는 자'라는 뜻으로 쓰였습니다.

NIV영어 성경에서는 '문제를 일으키는 자(trouble maker)'라고 번역을 했습니다. 고린도후서 6:15에서는 이런 사람을 '사단이 하는 일을 빗대어 사용한 단어'입니다. 이것이 세바의 닉네임입니다.

세바는 간단하게 '불량배'라고 기록하고 있지만 실제 그 사람의 됨됨이가 이렇게 다양하게 추하고 더러운 면면을 담고 있다는 것입니다.

그리고 '이쉬 벨리야알'이라는 단어는 사무엘하 16:7에서 시므이가 다윗을 저주할 때 사용한 말로써 거기에서는 '사악한 자'라고 번역되어 있습니다. 즉 부도덕하고 사악한 자로서 하나님과 사람에게 아무런 도움도 되지 않는 무익하고 쓸모없는 자라는 뜻입니다. 우리말로 바꾸면 '망나니'라는 것입니다. 망나니가 세바의 닉네임입니다. 망나니란 말과 행동이 아주 막돼먹은 사람을 일컬어 부르는 별칭입니다.

세바가 왜 망나니일까요? 그것은 그의 언행이 그 자신을 증거하고 있습니다. 본문 1절 중반 절부터 보도록 하겠습니다.

"그가 나팔을 불며 이르되
우리는 다윗과 나눌 분깃이 없으며
이새의 아들에게서 받을 유산이 우리에게 없도다
이스라엘아 각각 장막으로 돌아가라 하매"

이 말에서 주목할 몇 가지 내용을 살펴보겠습니다.

첫째는 다윗과 나눌 분깃이 없다는 것입니다.

이 말의 뜻은 이스라엘은 다윗과 함께 할 필요도 없고 다윗의 간섭을 받을 필요도 없으며 독립적인 나라를 세우자는 의도의 반역적인 뜻이 담겨 있는 언사입니다. 필요하다 싶을 때는 기회를 붙잡다가 자기 뜻대로 되지 않자 그대로 배도하는 타락한 자의 자세입니다.

둘째는 이새의 아들에게서 받을 유산이 없다는 것입니다.

유다는 물론 이스라엘 백성들도 왕이라고 추켜세우다가 자기 뜻대로 안 되자 '이새의 아들'이라는 용어를 씁니다. 천하에 몹쓸 예의 없는 사람의 언사입니다.

이것이 바로 지도자를 지도자로 존중하지 않고 지도자로 인정하지 않겠다는 의도적인 반역적 언사입니다.

셋째는 각각 자기 장막으로 돌아가라는 것입니다.

이는 다윗을 거절하고 다윗에게 등을 돌려 그를 따르지 않겠다는 의도입니다. 다른 사람까지 권하여 선동을 합니다. 그런데 이 말이 여기서 끝나는 것이 아닙니다. 역대하 10:16에도 동일한 단어로 선동하는 말이 등장을 하는데 그것이 아주 중요한 의미를 시사하고 있습니다.

"온 이스라엘은 왕이 자기들의 말을
듣지 아니함을 보고
왕에게 대답하여 이르되
우리가 다윗과 무슨 관계가 있느냐
이새의 아들에게서 받을 유산이 없도다
이스라엘아 각각 너희의 장막으로 돌아가라
다윗이여 이제 너는
네 집이나 돌보라 하고
온 이스라엘이 그들의 장막으로 돌아가니라."

이게 어떤 경우에 누가 하는 말인지 아십니까? 이스라엘이 남과 북으로 나뉠 때 했던 여로보암의 말입니다. 그런데 신기하게도 세바가 다윗을 배반할 때 사용한 말을 후일 여로보암이 나라를 찢어 갈라놓을 때 동일하게 사용했다는 것입니다.

아랍 사람들의 속담이 있습니다. "입에서 나가는 말은 세 개의 대문을 통과한 후에 나가야만 한다"는 말입니다. 그 뜻은 첫째, 이 말은 진실한 말인가? 둘째, 이 말은 친절한 말인가? 셋째, 이 말은 꼭 해야 할 말인가?를 생각하라는 것입니다.

세바는 이것을 통과하지 않은 채 말을 했습니다. 그리고 역사는 걷잡을 수 없는 혼란으로 치닫게 되었고 세바는 역사의 불량자가 되었습니다.

누가복음 15장에 등장하는 맏아들도 예외가 아닙니다. 동생이 돌아오자 기뻐하면서 잔치를 배설한 아버지를 향해 쏟아낸 맏아들의 말이 이 세 문을 통과하지 않고 내뱉어졌습니다.

누가복음 15:29~30을 보겠습니다.

"내게는 염소 새끼라도 주어
나와 내 벗으로 즐기게 하신 일이 없더니,
아버지의 살림을 창녀들과 함께 삼켜 버린
이 아들이 돌아오매
이를 위하여 살진 송아지를 잡으셨나이다."

기가 막히는 말입니다. 그런데 아버지의 대답이 명언이었습니다. 31절입니다.

"얘 너는 항상 나와 함께 있으니
내 것이 다 네 것이로되,
이 네 동생은 죽었다가 살아났으며
내가 잃었다가 얻었기로
우리가 즐거워하고
기뻐하는 것이 마땅하다 하니라."

어쩌면 오늘 우리도 맏아들과 같은지도 모릅니다. 날마다 하나님과 함께 하면서도, 은혜를 누리면서도, 그리고 축복을 받아 살면서도 걸핏하면 불평하고 원망하는 그런 맏아들인지도 모릅니다.

그러고 보면 자식을 키우는 부모들이 당하는 공통점이 있는 것 같습니다. 더 많이 사랑하고 더 많이 베풀고 더 많이 배려하고 더 많이 아낀 자식이 언제든지 부모를 향해 대들고 불평한다는 것입니다. 그렇지 않은 집도 있지만 대체적으로 그렇다는 말입니다.

목회 현장도 크게 다르지는 않습니다. 어쩌면 더 많이 사랑하고 더 많이 아끼고 그야말로 다른 성도들과는 견줄 수도 없을 정도로 아꼈던 성도들로부터 더 많은 아픔과 원망과 배반을 겪는다는 동역자들의 말이 맞는 말인지도 모릅니다.

역사는 시간을 멈추지 않습니다. 역사는 미래의 거울입니다. 그래서 역사를 거울로 볼 줄 아는 혜안이 있어야 합니다.

역사의 중심에 선 훌륭한 인물들은 동일하게 훌륭한 인물을 이어냅니다. 패역한 인물은 그 역시 패역한 인물을 이어냅니다.

교회도 예외가 아닙니다. 예의가 있고 범절이 있고 기본이 실천되는 교회는 아름다운 역사를 만들어 갑니다.

그러나 세바처럼 그 언행이 불량배 같은 분별없는 행동을 하는 사람으로 인하여 공동체 전체가 홍역을 앓는 역사를 만들어 가기도 합니다.

가정에는 훌륭한 가풍이 있습니다. 공직사회, 국가에는 튼튼한 기강이 있습니다. 그것을 교회에 세울 때는 은혜라고 합니다.

가정이나 교회나 기업이나 국가나, 훌륭한 사람의 감동 있는 언행이 그 공동체를 아름답게 만들어 갑니다.

그러나 세바처럼 불량배 같은 한 사람은 공동체를 아프게 하고 힘들게 하는 역사를 만듭니다. 그 역사는 언제까지나 부끄럽고 아픈 상흔을 남기게 됩니다.

아름다운 역사에는 양보와 희생이라는 고귀한 희생의 시간이 있습니다. 그런 시간이 없는 아름다운 역사는 그 어디에도 없습니다.

1958년 마드리드에서 열렸던 세계 마라톤 대회에서 있었던 이야기는 아직도 우리를 감동하게 합니다.

전 세계의 내로라하는 선수들이 모여 마라톤 경주를 했습니다. 일등으로 달리던 선수가 불과 1km를 남겨놓고 다리에 쥐가 나서 제대로 달리지 못하는 상황이 벌어졌습니다. 1등이 2등 되고 2등이 1등 될 상황입니다. 운동장 관중석에 가득 찬 관중들은 모두가 기립하여 쥐가 난 1등에게 일어서라고 격려를 합니다. 그리고 2등에게는 빨리 달리라는 격려의 박수를 보냅니다.

그 때 갑자기 돌발 상황이 발생합니다. 1등을 추월할 지점에 달려온 2등 주자가 달리기를 멈춘 것입니다. 아주 짧은 순간 모두가 숨을 죽였습니다. 달리기를 멈춘 2등 주자는 허리를 굽혀 1등 주자를 부축하여 일으켜 세웁니다. 그러더니 같이 뛰기 시작했습니다.

시간이 다시 흘러가기 시작했습니다. 관중석은 온통 열광의 도가니였습니다. 결승점에 왔을 때 또 한 번 감동의 순간이 연출됩니다. 부축하여 달리던 2등 주자가 1등으로 달리던 주자를 반발 앞서도록 하고 자기는 물러서는 것입니다. 그는 일등 할 수 있는 기회를 온전히 양보하고 2등을 자처했습니다.

관중석에서는 또 한 번 감동의 환호성이 파도를 이루었습니다. 1등에게 월계관이 씌워졌습니다. 그러나 1등한 선수는 월계관을 벗어 2등한 선수의 머리에 씌워주었습니다.

로마서 15:1~2입니다.

"믿음이 강한 우리는 마땅히
믿음이 약한 자의 약점을 담당하고
자기를 기쁘게 하지 아니할 것이라.
우리 각 사람이 이웃을 기쁘게 하되
선을 이루고 덕을 세우도록 할지니라."

마드리드 마라톤 대회의 2등 주자는 이 성경 말씀을 자신의 삶으로 온전히 승화시켜냈습니다.

이것이 천국에서의 모습입니다. 이것이 오늘 교회 성도들의 삶이어야 합니다. 우리 교회가 이런 감동 있는 역사를 만들어야 합니다.

본문 2절을 다시 보겠습니다.

"이에 온 이스라엘 사람들이
다윗 따르기를 그치고 올라가
비그리의 아들 세바를 따르나
유다 사람들은 그들의 왕과 합하여
요단에서 예루살렘까지 따르니라."

이 구절을 통해 이스라엘 사람들의 특성을 한 가지 발견하게 됩니다. 그것은 이스라엘이 항상 두 마음을 품고 있다는 것입니다. 곧 이중성이라는 것입니다.

이스라엘의 역사를 거슬러 올라가 볼까요?

사무엘상 18장을 보면 다윗이 골리앗을 물리치고 예루살렘에 입성할 때였습니다. 그들은 그야말로 온 성이 떠나갈 듯 환호해 마지않으며 다윗을 따랐습니다.

그러나 압살롬이 자기들의 환심을 사자 미련 없이 다윗을 버리고 압살롬에게로 갔습니다. 그리고 그에게 기름을 부어 왕으로 삼고 다윗을 대적했습니다.

그러다가 압살롬이 죽고 다시 다윗이 왕으로 환궁을 하자 대대적인 환영을 하면서 요단강까지 나와 영접을 합니다. 그러다가 유다 백성이 먼저 왕을 영접했다는 이유로 이럴 수 있느냐며 또 시비를 일으킵니다.

그 때에 세바가 다시 반란을 일으키자 역시 또 다윗을 버리고 세바를 따라갑니다. 그것이 2절의 내용입니다.

시쳇말로 웃기고 있습니다. 좀 더 고상하게 고급 단어를 쓰면 조석지변(朝夕之變), 조변석개(朝變夕改)입니다. 이것이 참으로 불쌍한 인간의 이중성입니다.

속된 말로 조폭만도 못한 사람이라는 말이 있습니다. 소위 조직폭력배도 의리 하나만큼은 생명 걸고 지키는데 많은 사람들은 그만한 의리도 없다는 뜻입니다.

그런데 신앙생활을 하는 성도가 믿음 하나 지키지 못하고 조석지변으로 동가숙 서가식의 생활을 한다면 그 삶이 어찌 선한 열매를 맺을 수 있겠습니까.

이런 사람을 향해 야고보서 1:7~8은 말씀하십니다.

"이런 사람은 무엇이든지
주께 얻기를 생각하지 말라.
두 마음을 품어
모든 일에 정함이 없는 자로다."

우리는 아히도벨, 요압, 세바, 가룟 유다 같은 사람들의 이름이 역사에 어떻게 기록되었는지를 간과해서는 안 됩니다. 그들 모두가 불량배라는 부끄러운 닉네임을 갖고 있습니다. 그들의 어두운 삶이 성경에 기록된 것은 오늘의 우리 삶을 그렇게 살아서는 안 된다는 반면의 거울로 비춰주고 있는 것입니다. 그래서 우리는 그들과는 반대의 결단을 하며 살아가도록 깨우쳐 주고 있습니다.

아름다운 닉네임, 모든 사람들이 좋아하는 믿음의 사람다운 닉네임을 갖는 우리 모두가 되시기를 예수님의 이름으로 축복합니다. 아멘!

8
법과 원칙을 지키라

"다윗이 이에 아비새에게 이르되…
너는 네 주의 부하들을 데리고 그의 뒤를 쫓아가라"
〈사무엘하 20:4~13 중〉

인생여정의 성공 자에게는 분명한 것이 한 가지 있습니다. 그것은 법과 원칙을 지켰다는 것입니다. 그 원칙을 지키면서 인생여정의 비전을 꿈꾸었고, 그 비전을 이루기 위하여 계획을 세웠습니다. 그리고 그 계획을 이루기 위하여 최선을 다했으며, 그 결과를 위하여 항상 긍정적인 생각으로 감사하는 생활을 했습니다.

이론적으로는 여기까지 누구나 알 수 있습니다. 그러나 이것이 나의 것이 되기까지는 결코 그리 쉽지 않은 걸음을 걸어야 합니다. 그러므로 결국 인생여정의 성공은 이와 같은 원칙을 지키는 자가 성취한다는 것입니다.

역대 올림픽 경기에서는 언제나 감동스러운 이야기들이 역사에 남습니다. 1924년 파리 올림픽에서도 특별히 우리 신앙인들이 더욱 감동할 이야기가 있었습니다. 그 해 올림픽에서는 올림픽의 꽃이라 불리는 100m달리기 결승전 경기 일정이 주일로 잡혔습니다. 당시 강력한 우승후보로 예측되었던 영국의 '에릭리델'은 경기 출전을 포기했습니다. 이유는 "주일은 하나님께 예배드리는 날이기 때문"이라는 것입니다.

영국의 언론은 '조국을 배신한 자'라고 대서특필했습니다. 그러나 '리델'은 흔들리지 않았습니다. 그리고 며칠 후 열린 400m 달리기 경기에 '리델'이 출전했습니다. 이 중거리 경주는 '리델'의 주 종목이 아니었습니다. 그래서 모두 큰 기대를 하지 않았습니다.

그런데 이게 웬일입니까. 리델은 처음부터 무서운 속도로 질주하기 시작했습니다. 그리고 모든 사람들의 예상을 뒤엎고 세계 신기록을 세우며 금메달을 차지하였습니다.

그때 인터뷰에 응한 '리델'의 우승 소감이 세계인의 가슴을 흔들었습니다. "처음 200m는 내가 뛰었습니다. 그리고 나머지 200m는 하나님이 직접 뛰셨습니다."

이 말의 핵심은 무엇과도 타협할 수 없었던 신앙의 원칙을 일깨우는 감동언어가 되었습니다.

우리의 일상에서는 원칙이 무엇보다 중요합니다. 만약 경기를 하는데 경기자가 원칙을 지키지 않는다면, 운전자가 운전 원칙을 지키지 않는다면, 직장 생활에서 직장의 원칙을 지키지 않으며 사회생활에서의 원칙도 지키지 않는다면 어떻게 되겠습니까? 그 때는 모든 것이 혼돈에 빠지고 맙니다.

만약 우리가 교회 생활, 신앙생활을 하면서 신앙인으로서의 원칙을 지키지 않는다면, 그 때 그 결과가 어떻게 될 것인가는 묻지 않아도 이미 답이 뻔합니다.

그런데 참 아이러니 한 것은 원칙을 깨는 사람들이 원칙을 지키는 사람들을 향하여 오히려 원칙을 지키라고 하는 경향이 우리의 삶의 중심에 적잖이 있다는 것입니다.

여의도 1번지의 상황이 그것을 적나라하게 보여주고 있습니다. 법을 지키고 원칙을 지키는 일의 가장 선봉에 있어야 할 분들이 그 법과 원칙을 파기하고 있습니다. 오늘의 사회 지도층의 일상을 들여다보면 그러한 사실을 부인할 수가 없습니다.

아픔이 겹쳐 무서운 통증을 느끼는 것은 오늘의 교회들이 또한 이렇게 되어가고 있다는 것입니다.

교회의 부흥이나 평안이나 축복은 지도자들이 원칙을 지킬 때 따라오는 자연스러운 결과입니다.

시끄럽고 행복하지 못한 교회의 특징은 원칙이 무너지고 법을 지키지 않는 지도자들로 인하여 그렇게 된다는 것입니다.

정치나 사회의 일반적인 통념(通念)은 지도자들만 원칙과 법도를 지키면 이무런 문제가 없다는 것입니다. 그리고 그것은 오늘날 일어나는 사회적인 여러 상황들을 보면서 더더군다나 어느 누구도 부인하지 않습니다.

법과 원칙을 지키지 않는 지도자들의 공통점이 무엇입니까?

자기가 하는 말은 옳고 다른 사람들의 말은 틀렸다는 것입니다.

그래서 쉽게 단정하고 비판하며 정죄합니다. 그러나 그들이 그렇게 하는 이유의 중심을 보면 원칙과 법도가 없다는 것을 쉽게 발견할 수 있습니다.

원칙과 법도를 지키는 사람들은 결코 다른 사람에 대하여 비판하거나 정죄하거나 심판하지 않습니다. 우리의 삶의 주위에서 일어나는 잡다한 일들의 내면을 들여다보면 원칙과 법도를 쉽게 무시하는 사람일수록 원칙과 법도를 논하고 무엇이든지 쉽게 정의하는 경향이 높은 것을 부인할 수 없습니다.

지난 2012년 1월 4일자 헤럴드경제 사설에는 〈올해를 원칙과 질서 되찾는 해로〉라는 주제의 기사가 실렸었습니다.

내용은 20년 만에 총선과 대선을 함께 치르는 선거의 해를 맞게 되었는데 그 일에 있어 질서와 원칙이 무너지면 국가 운명은 물론 민주주의의 근간마저 흔들리게 될 것을 경계하는 것이었습니다. 그렇기 때문에 법과 원칙의 준수가 그 어느 때보다 중요한 시점이라는 것을 강조한 사설이었습니다.

실제로 지금 우리의 현실은 자유민주주의의 근간이 뿌리째 흔들리고 있습니다. 총선을 앞두고 정치인들은 당선이라는 묘약에 중독되듯 대한민국의 정체성에 대한 생각보다는 개인의 정치활동을 우선시 하는 경향이 곳곳에서 감지되고 있는 것을 봅니다.

이러한 때 교회만이라도 정신을 차리고 근신하는 마음으로 총선과 대선에서 원칙과 법도를 지킬 수 있기를 바랍니다. 그래서 나라를 바로 세우고 다음세대들에게 건강한 사회를 물려 줄 수 있도록 준비해야 할 것입니다.

특히 신앙생활에 있어서 그리스도인들은 이 원칙과 법도를 지키는 기본자세를 갖추어야 합니다.

사도 바울은 신앙생활을 운동 경기에 비유했습니다. 그러면서 경기에 임하는 경기자의 첫째 조건이 원칙과 법도를 지키는 것이라고 역설했습니다. 이 신앙생활의 원칙과 법도의 구체적인 내용을 누가복음 10장에서는 마리아와 마르다의 이야기를 예로 보여주고 있습니다.

마르다는 예수님의 발 앞에 앉아 말씀을 듣는 동생 마리아가 마음에 들지 않았습니다. 그래서 예수님께 자신의 하는 일을 마리아가 돕도록 말씀해 달라고 합니다.

이 때 주님은 아주 중요한 말씀을 하십니다. 자기 할 일이나 최선을 다하라는 것입니다. 남의 일로 인하여 자기가 하는 일을 그르치는 일이 없게 하라는 경계의 말씀을 하신 것입니다.

물론 우리도 마리아와 마르다를 두고 누가 더 잘했느냐에 대한 평가를 할 수는 없습니다. 다만 마르다에게서 발견되는 한 가지 약점이 있다는 것입니다. 그것은 마르다가 마리아를 이해하지 못했다는 것입니다. 즉 자기가 하는 일은 매우 중요하게 생각하면서 마리아가 하는 일은 전혀 그렇지 않다고 생각했다는 것입니다.

바로 이것입니다. 이것이 가장 조심해야 할 오해 중의 하나입니다. 내가 하는 일이 옳기 때문에 마리아가 하는 것이 마음에 들지 않았고, 그렇기 때문에 예수님께 불평을 하면서 자기가 하는 일을 마리아가 돕게 하라고 했던 것입니다.

모든 문제의 발단은 항상 여기서 시작됩니다. 성경에서 일깨우는 우리의 신앙생활에서 가장 주의해야 할 것이 바로 이 부분입니다.

이 사건의 또 한 가지 교훈은 우선순위입니다. 즉 어느 것이 우선이냐 하는 것입니다. 마리아에게 우선순위는 말씀을 듣는 것이었습니다. 그리고 마르다의 우선순위는 대접하는 일이었습니다. 이 우선순위의 이해관계의 충돌이 마르다로 하여금 마리아에 대한 불평을 하게 된 것입니다.

이번 본문 내용이 바로 이 부분을 강조하고 있습니다. 곧 법과 원칙에 대한 내용입니다.

예루살렘 성으로 환궁한 다윗은 아마사에게 군사령관의 보직을 주었습니다. 그러면서 세바의 반란을 진압하도록 명령을 합니다.

아마사가 누구입니까? 그는 다윗의 누이 아비갈의 아들입니다. 그리고 아들 압살롬이 반역할 때 다윗을 떠나 압살롬의 군장으로 활동했던 사람입니다.

다윗이 아마사에게 이런 명령을 한 데는 두 가지 의미심장한 계획이 있었습니다. 하나는 흩어져 있는 민심을 아마사를 통해 돌이키고자 하는 것입니다. 그리고 또 다른 하나는 압살롬을 죽인 요압 장군의 힘이 너무 강성하게 되었으므로 요압의 힘을 상대적으로 약화시키려는 것입니다.

그런데 이 일은 전혀 생각지도 못한 불상사를 불러일으키게 됩니다. 왜냐하면 지금까지 측근으로 활동하던 요압 장군의 마음을 상하게 하는 계기가 되었기 때문입니다.

그래서 요압은 세바의 세력을 멸하려고 출정하는 동생 아비새를 따라나서 전략을 세우고 아마사를 도중에서 살해하고 맙니다. 그리고 다시 군권(軍權)을 장악합니다.

이 사건에서 우리는 중요한 교훈 한 가지를 배우게 됩니다. 원칙과 법도를 지킬 수 있어야 모든 것이 유익하다는 것입니다.

그런데 다윗은 이 부분에서 실수를 했습니다. 지금까지 자기를 섬겼던 충성스럽던 부하 요압장군의 권력을 약화시키려고 압살롬을 따랐던 아마사를 군장으로 세웠습니다. 그러나 결과는 오히려 더 큰 화를 불러왔습니다. 즉 다윗의 법도와 원칙을 지키지 않은 결정이 나쁜 결과를 가져왔다는 것입니다.

비록 요압의 근황이 다윗의 마음에 들지 않을지라도 요압은 자신에게 있어서는 결코 버릴 수도 잊을 수도 없는 귀한 존재라는 것을 다윗은 생각했어야 했습니다. 아무리 요압의 군권이 확대되고 이제는 다윗의 말도 먹히지 않을 정도로 교만해지는 요압이지만, 그를 약화시키기 위해 정도와 원칙을 지키지 않은 것은 다윗의 큰 실책이 아닐 수 없습니다. 그것은 결코 유종의 미를 기대할 수 있는 일은 아니었습니다.

지도자는 언제 어떤 상황에서도 원칙과 법도를 지킬 수 있어야 합니다. 그럴 때라야 그 공동체가 건강하고 평화롭게 됩니다.

여러분은 아브라함이 왜 믿음의 조상, 축복의 주인공이 되었는지 아시잖습니까. 하나님은 아브라함에게 몇 가지 원칙을 제시하셨습니다. 그리고 아브라함은 그 원칙을 지켰습니다. 그랬기 때문에 아브라함이 누구도 가질 수 없는 축복을 받은 것입니다. 그런 복 있는 자 아브라함이 행보한 정도(正道) 몇 가지를 살펴보겠습니다.

첫째는 떠나는 것이었습니다(창 12:1).

하나님이 주시는 복을 받으려면 있는 곳을 떠나라는 것입니다. 그곳이 비록 본토 친척 아비 집 같이 떠날 수 없는 상황일지라도 떠나야 하는 것입니다.

둘째는 바꾸는 것입니다(창 17:5).

'아브람'으로는 안 되니 '아브라함'으로 이름을 바꾸라는 것입니다. 자기 생각으로 집착된 아브람으로 하여금 하나님의 생각으로 바꾸라는 것입니다.

셋째는 드리는 것입니다(창 22:2).

세상에서 가장 소중한 아들 이삭을 드리라는 것입니다. 그것은 하나님을 향한 아브라함의 믿음을 시험하는 단계의 절정이었습니다.

오늘 우리도 이 두 번째까지는 가능합니다. 그러나 세 번째는 결코 쉽지 않습니다. 그런데 하나님은 이 원칙을 제시하시면서 그것을 지키라고 하셨습니다. 아브라함은 이 세 가지 정도(正道)의 행보를 순종으로 지켰습니다.

지난 주간에 우리는 금년을 보다 축복된 한 해로 만들기 위하여 송구영신 예배, 신년 축복 새벽기도회, 그리고 제직 수련회를 통해 풍성한 은혜의 말씀을 받았습니다.

성삼위의 축복, 직분의 축복, 종자씨 축복에 대한 말씀을 받았습니다. 전도의 축복에 대한 말씀도 받았습니다. 베풂, 나눔, 섬김에 대한 구체적인 행동과 진정한 드림에 대한 말씀도 받았습니다.

그리고 보다 더 나은 예배 환경을 위하여 방송시스템을 디지털화하고자 특별 헌금을 약정하는 시간도 가졌습니다. 아직 현재 진행형이지만 어제까지 6억이 헌금되어 2012년도에는 더 좋은 예배 환경을 준비할 수 있게 되었습니다.

복음전도를 통한 영혼 구원을 위하여 복음전도의 씨앗 열매로는 300만원 한 구좌를 정했습니다. 그리고 총력 전도를 통하여 2,000명 이상을 전도하고자 결심한 제직들이 500명이 넘었습니다. 최하 50명 이상을 전도하고자 모두가 결심하였습니다.

우리는 전하면 됩니다. 열매는 주님이 거두실 것입니다. 결심한 대로 이루어지지 않는다고 걱정할 이유도 없습니다. 오직 복음 전도를 위하여 최선을 다하면 되는 것입니다.

이 복된 일을 위하여 한 안수집사님은 올해 전도 왕에게 시상할 승용차 한 대를 경품으로 하나님께 드렸습니다.

우리가 하나 되어 하나님께서 기뻐하시는 일에 매진하면 하나님은 우리의 모든 범사를 위해 일하십니다.

이런 좋은 일을 함에 있어 중요한 것이 있습니다. 아무리 좋은 계획과 비전도 행동으로 옮기지 않으면 아무 의미가 없다는 것입니다. 그러므로 '천릿길도 한 걸음부터' 라는 말처럼 첫발을 내딛는 것입니다. 시작해 보는 것입니다. 기도하며 나아가십시다. 성령님이 도우실 것입니다.

그리고 우리는 그 모든 결과에 오직 감사하십시다.

저는 목회를 시작하면서 한 가지 원칙을 세웠습니다. 누가 나에게 어떤 사람에 대하여 나쁘게 말할 때 절대로 그 말을 믿지 않고, 그렇게 말하는 사람을 더 나쁜 사람이라고 생각한다는 것입니다. 이유는 성경 66권의 맥을 잡았기 때문입니다.

축복받은 사람, 평화를 추구하는 사람, 공동체를 평안하게 하는 사람, 은혜 받은 사람의 공통점은 절대 남에 대하여 나쁘게 말하지 않습니다. 불평과 원망을 하지 않습니다. 오직 축복하고 또 축복하며, 감사하고 또 감사합니다.

남의 말을 나쁘게 하는 사람은 그 자신이 나쁜 사람이기 때문입니다. 남을 의심하는 사람은 자신이 의심이 많다는 것입니다. 신뢰할 수 없는 사람이라는 것입니다.

말씀을 맺습니다.

보다 더 좋은 한 해를 위하여 법과 원칙을 지키는 결단이 우리 안에 이루어지기를 축복합니다.

데살로니가전서 5:16~18에는 그리스도인의 아름다운 신앙생활과 행복을 위한 원칙이 제시되어 있습니다. 첫째는 항상 기뻐하는 것입니다. 둘째는 쉬지 말고 기도하는 것입니다. 셋째는 범사에 감사하는 것입니다.

이와 같은 삶은 하나님 앞에서 참으로 복된 결과를 노래하게 될 것입니다. 가정과 직장에서도, 사회와 교회에서도, 우리는 올 한 해를 보다 법과 원칙을 지키면서 축복의 한 해를 살아가는 성도들이 되기를 예수님의 이름으로 축복합니다. 아멘!

9
여호와의 기업을 지키라

"어찌하여 당신이 여호와의 기업을
삼키고자 하시나이까"
〈사무엘하 20:14~26 중〉

국내외 여러 곳을 다니며 부흥회를 인도하다보면 마음이 힘들고 아픈 이야기를 참 많이 듣게 됩니다. 때론 성도님들의 회사가 부도를 만나 기업이 산산조각 나는 경우를 당할 때의 이야기입니다. 또는 가정이 부부의 이혼으로 인하여 무너지고 어린 아이들이 오롯이 고통을 감당해야 하는 경우도 그렇습니다.

그러나 더 큰 아픔은 한 두 사람의 옳지 못한 일들로 인하여 교회가 시끄러워지고 교인들이 교회를 떠나는 경우입니다. 그러면서 그렇게 좋던 교회가 하루아침에 황량한 벌판처럼 되는 경우입니다.

기업이든 가정이든 교회든 하나님이 주신 축복을 지키지 못하는 것이 얼마나 비참한 것인가를 뼈저리게 느끼게 하는 이야기들입니다.

영어의 keep이라는 단어는 많은 의미를 갖고 있습니다. 그 중에 보편적인 몇 가지 의미 '간직하다, 지키다, 보존하다, 경영하다, 보호하다' 등의 뜻이 주로 높은 빈도로 사용되는 의미입니다.

우리는 우리에게 주어지는 소중한 것들을 참으로 잘 keep해야 할 것입니다. 왜냐하면 아무리 좋은 것을 소유하고 있을지라도 그것을 제대로 지키지 못하면 그 귀한 것들은 아무 쓸모 없이 되어 버리기 때문입니다.

지금 우리나라는 많은 부분이 혼란기에 접어든 듯합니다. 20년 만에 총선과 대선을 함께 치루는 해이기에 더욱 그런 것 같습니다. 그래서 여당과 야당이 모두 정치적인 소용돌이로 인하여 정신을 못 차리고 있는 듯합니다.

그러나 비록 우리가 사는 정치사회 현상이 이럼에도 하나님은 대한민국을 축복하시고 또 축복하고 계심을 우리는 보고 듣고 경험하고 있습니다.

오늘 이 즈음에서 새삼 지난 우리의 역사를 돌아보며 우리나라가 하나님으로부터 얼마나 많은 축복을 받았는지를 살펴보고자 합니다.

지금의 한국교회는 6만여 개의 교회, 1,200만 성도가 되었습니다. 마을마다 교회가 세워지고 십자가가 높이 세워졌습니다. 교회마다 새벽기도 소리가 끊어지지 않고 전국 각처의 기도원과 수양관에서는 찬양과 기도소리가 멈추지 않습니다.

국회를 비롯한 정부 및 지방자치단체와 의회, 그리고 주요 국가

기관에 기독교인들이 얼마나 많은지 모릅니다. 연예인들 대부분이 시상식에서 수상 소감을 말할 때면 하나님의 은혜라고 고백하는 것을 쉬 볼 수 있습니다.

학원선교, 군선교, 특수선교 등 이루 헤아릴 수 없는 복음 선교활동이 세계에서 가장 활발하게 전개되고 있습니다. 공식적으로도 우리나라는 전 세계 선교사 파송 2위국이 되었습니다. 세계교회를 향하여 한국교회가 기여하는 일들은 이미 온 세계가 인정하는 상황에 이르렀습니다.

이 모든 것이 하나님께서 대한민국에 주신 복입니다. 우리에게 주신 귀중한 믿음의 유산입니다. 기업입니다.

그런데 언제부터인가 한국교회가 성장을 멈추었다고 합니다. 지금도 한기총을 비롯한 기독교 단체들에서는 분열현상이 나타나고 있습니다.

기독교가 이 땅에 전래 된지 불과 100년 만에 온 세계의 주목을 받던 한국교회입니다. 그런데 하나님이 주신 그 영광의 기업을 지키지 못하고 몰락하고 있다는 것입니다.

이것은 유럽과 서구교회의 전철을 그대로 밟아가고 있는 모습으로써 그 속도가 너무 빠르다고 우려들을 합니다. 이런 말들은 곧 하나님께서 주신 복을 잘 지키지 못하고 있다는 아픈 이야기들입니다.

지금도 4월 총선 때문에 정치권이 홍역 앓듯 합니다. 이런 가운데 전국 여론조사를 보면 현역의원을 평균 65% 이상 바꾸어야 한다는 통계가 나왔습니다.

이 통계가 뜻하는 것이 무엇이겠습니까? 비록 그들이 4년, 혹은 재선, 혹은 3선을 한 의원들이지만 결국 그들은 명예와 권력을 제대로 지키지 못했다는 안타까운 실정(失政)의 현실을 여실히 보여주고 있는 것입니다.

무엇이 되는 것도 결코 쉬운 일이 아닙니다. 그러나 그것을 지킨다는 것은 더욱 어렵습니다.

그것은 교회 생활도 다르지 않습니다. 기름부음의 은혜를 입을 때 서원하고 결심했던 청지기로서의 그 아름다운 신앙적 고백을 지키면서 은퇴하는 항존직분자가 그리 많지 않습니다. 은퇴 후에도 추하고 부끄러운 일들로 인하여 신앙과 삶의 마무리가 빛을 잃은 경우들도 흔히 봅니다.

그래서 디모데후서 4:7~8의 바울 사도의 고백이 위대한 것입니다.

건강을 지키는 것, 재산을 지키는 것, 명예를 지키는 것, 일상생활에서 그 아름답고 좋은 모든 것을 누리면서 잘 지키는 것, 그것은 축복입니다.

성경은 하나님께서 백성들에게 지키라고 말씀하신 것들이 생생하게 기록되어 있습니다.

언약을 지키되 후손 대대로 지키라. 하나님이 말씀하신 절기를 지키라. 규례와 법도를 지키라. 무엇보다 마음을 지키라. 성령이 하나 되게 하신 것을 힘써 지키라. 가르침을 받은 전통을 지키라

이와 같은 모든 지켜야 할 것들의 중심사상은 기업사상입니다.

민수기 36:7에는 "이스라엘 자손이 다 각기 조상 지파의 기업을 지킬 것이니라."라는 말씀이 있습니다.

이스라엘 백성들에게 있어서 기업의 의미는 보통 사람이 느끼는 것보다 훨씬 중요합니다. 왜 그것이 그렇게 중요한지 말씀을 찾아보겠습니다. 신명기 7:6입니다.

"너는 여호와 네 하나님의 성민이라.
네 하나님 여호와께서
지상 만민 중에서 너를
자기 기업의 백성으로 택하셨나니"

즉 이스라엘은 하나님의 기업이라는 말씀입니다. 그리고 민수기 18:20입니다.

"여호와께서 또 아론에게 이르시되
너는 이스라엘 자손의 땅에 기업도 없겠고
그들 중에 아무 분깃도 없을 것이나
내가 이스라엘 자손 중에
네 분깃이요 네 기업이니라."

즉 하나님께서 이스라엘 백성들에게 있어서 기업이라는 말씀입니다.

여기서 아주 중요한 한 관계개념을 정의할 수 있습니다. 하나님께는 이스라엘이 기업이요, 이스라엘에게는 하나님이 그들의 기업이라는 것입니다. 이 말씀은 너무 너무 중요한 말씀입니다.

그런데 이 중요한 기업이라는 것이 무엇인지 우리가 반드시 알고 가야합니다. 그래야 그것을 잘 keep할 수 있지 않겠습니까.

기업을 영어로는 Heritage라고 합니다. 즉 이 말의 의미는 대대로 물려받은 유산이라는 뜻입니다. 이 기업이 구약에서는 하나님이었습니다. 또 땅의 개념 대부분이 기업으로 이해되었습니다. 그런데 신약에서는 이 기업은 유대인뿐만 아니라 이방인도 포함된 모든 참된 신자가 받는 것으로 이해가 되었습니다.

먼저 에베소서 3:6을 보겠습니다.

"이는 이방인들이 복음으로 말미암아
그리스도 예수 안에서 함께 상속자가 되고
함께 지체가 되고
함께 약속에 참여하는 자가 됨이라."

즉 오늘날에 있어서 진정한 기업의 의미는 하나님의 나라와 그 일체의 축복 모두를 의미합니다.

그런데 기업이라는 단어는 명사 그 자체만으로는 그 어떤 효력도 발생하지 못 합니다. 이 단어는 동사의 뜻을 가진 '소유하다'와 결합하여 합성어가 되면서 비로소 영향력이 발휘됩니다. 즉 준다와 받는

다의 동사와 결합하면서 '기업을 준다, 기업을 받는다'의 의미가 되어 그 기업이 소유한 모든 것의 가치를 주고 또 동시에 받아 소유하면서 가치를 발휘하게 된다는 것입니다.

좀 더 원어적으로 풀이를 하면 헬라어 명사 클레-로노미아(κληρονομὶα[klay-ron-om-ee'-ah])는, 배당(몫 lot)을 뜻하는 동사 클레-로스(κλῆρος[kleros])와 소유한다(to possess)는 네모아이(νέμομαι[nemomai])의 합성어로써, '유업'으로도 번역이 되고, '기업'으로도 번역이 됩니다.

히브리서 6:17에는 명사 클레-로노모스(κληρονομὶα[kleronomos])가 씌어져 있는데 이것도 동일한 합성어입니다.

이와 같은 의미로 기업은 구약에서는 하나님께서 주셨고 이스라엘이 받았습니다. 그리고 장차 받을 기업 또한 하나님께서 주시고 성도가 받는 것입니다.

그런데 여기서 우리가 기억해야 할 중요한 것은 성경에 기록된 진정한 기업의 의미는 장차 성도가 받을 영원한 기업에 대한 예표라는 것입니다.

히브리서 11:8 말씀을 보겠습니다.

"믿음으로 아브라함은
부르심을 받았을 때에 순종하여
장래의 유업으로 받을 땅에 나아갈새
갈 바를 알지 못하고 나아갔으며"

베드로전서 1:4입니다.

"썩지 않고 더럽지 않고
쇠하지 아니하는 유업을 잇게 하시나니
곧 너희를 위하여 하늘에 간직하신 것이라."

여기서 우리는 기업에 대한 바른 이해를 할 수 있습니다. 즉 영원한 기업의 중요성을 이해할 수 있다는 것입니다. 또한 우리에게 기업은 곧 예수 그리스도가 죽으시고 부활하시고 세우신 영원한 천국과 그와 관련된 모든 축복이라는 것입니다.

바울 사도는 그래서 영원한 기업에 대한 중요성을 역설했습니다.

에베소서 1:18 ~19입니다.

"너희 마음의 눈을 밝히사
그의 부르심의 소망이 무엇이며
성도 안에서
그 기업의 영광의 풍성함이 무엇이며,
그의 힘의 위력으로 역사하심을 따라
믿는 우리에게 베푸신 능력의
지극히 크심이 어떠한 것을
너희로 알게 하시기를 구하노라."

여기의 '그 기업의 영광'이라는 말의 '그 기업'은 헬라어로는 '독사 클레로노미아 아우토(δόξα κληρονομία αὐτός[dox'-ah klay-ron-om-ee'-ah ow-tos])'입니다.

문자적으로 번역하면 '그의 기업'으로서 14절에서 언급한 '우리의 기업'이 아니라 '하나님의 기업'을 말합니다. 물론 구약에서는 하나님의 기업은 이스라엘 백성을 가리켰습니다. 그러나 여기서 말하는 '하나님의 기업'은 하나님의 백성인 그리스도인들을 가리키고 있습니다. 바울은 그것을 알아야 한다고 역설한 것입니다.

다시 정리하면 하나님의 기업은 우리들입니다. 우리들의 영원한 기업은 예수 그리스도입니다. 예수 그리스도의 가시적인 모습은 교회입니다. 예수 그리스도께서 십자가에서 죽으시고 세우신 교회가 영원한 그 기업의 그림자입니다.

그렇다면 교회는 오늘 우리의 기업입니다. 예수님이 십자가에서 피 흘리고 죽으시면서 세우신 것이 교회이며 교회는 예수 그리스도의 것입니다. 그 기업을 지키는 것이 거룩한 성도, 그 나라에 이르게 될 우리의 사명입니다.

이번 본문이 우리에게 말씀하고자 하는 메시지가 여기 있습니다. 아마사를 죽이고 난 후 요압 장군은 다시금 자신이 처치해야 할 반란의 주역 세바를 죽이기 위해 뒤를 쫓습니다. 그는 세바가 진치고 있는 '아벨'과 '벧마아가' 성에 이르렀습니다. 그리고 성을 무너뜨리려고 공격 준비를 했습니다.

이 때 그 성읍의 한 여인이 요압장군에게 나아와서 중재를 시도합니다. 성경은 그 여인을 '지혜로운 여인'이라고 기록하고 있습니다. 우리는 그 지혜로운 여인이 말하는 것에 주목할 필요가 있는데 그 19절 본문을 보겠습니다.

"나는 이스라엘의
화평하고 충성된 자 중 하나이거늘
당신이 이스라엘 가운데
어머니 같은 성을 멸하고자 하시는도다
어찌하여 당신이
여호와의 기업을 삼키고자 하시나이까"

내용인즉 세바 한 사람을 치기 위하여 어떻게 성을 헐고자 하느냐는 것입니다.

이 말 가운데 주목할 말은 "이스라엘 가운데 어머니 같은 성"과 "여호와의 기업"이라는 말입니다. 여기의 '어미 같은 성'이라는 말의 원문을 살펴보니 '어미'는 원문이 '엠(אֵם[ame]'이고 '아버지'는 원문이 '아브(אָב['ab])'인데 이 모두 권위와 보호라는 두 가지 측면의 상징적 의미를 갖고 있습니다.

그런데 어떻게 그 '여호와의 기업을 삼키고자 하시나이까?'라는 것입니다. '여호와의 기업'은 하나님의 소유입니다. 그 가운데 하나님의 백성들이 거주하고 있음을 표현하고 있습니다. 그런데 이 거룩한 아벨성을 반란의 주역 세바 한 사람을 치기 위하여 무너뜨릴 수 있느냐는 것입니다.

신학자 Lange(랑게)는 '어미 같은 성'이라는 뜻은 이스라엘에서 아주 중요한 성, 매우 가치 있는 성이라고 주석하였습니다. 이것을 오늘에 적용하면 바로 교회라고 할 수 있습니다.

이 지혜로운 한 여인의 말에 요압은 굉장히 당황합니다. 본문 20절을 한 번 같이 보겠습니다.

"요압이 대답하여 이르되
결단코 그렇지 아니하다
결단코 그렇지 아니하다
삼키거나 멸하거나 하려 함이 아니니"

얼마나 당황했던지 같은 말을 두 번씩이나 반복하고 있습니다. 그러면서 상황을 설명합니다. 아벨성을 무너뜨리는 것이 목적이 아니라 반역자 세바를 치리하는 것이 목적이라는 것입니다. 그러면서 화평의 조건으로 모반자의 목숨을 양도해 달라고 합니다. 그 목을 받으면 자기는 군사들을 철수시키겠다는 것입니다.

그러자 여인은 목적이 그것이라면 세바의 머리를 성벽에서 던져 주겠다고 약속을 합니다. 여인은 성으로 들어가 모든 백성들에게 지혜의 말로 이 사실을 알리며 세바의 머리를 베도록 설득합니다. 백성들은 지혜로운 여인의 말을 따라 세바의 머리를 베어 성 밖 요압 장군에게로 던져줍니다.

세바의 머리를 받은 요압은 그 성에 대한 포위를 풉니다. 죽고 죽이는 싸움을 통해 취한 승전이 아닌 평화에 의한 전리품, 모반자의 머리를 들고 예루살렘으로 돌아갑니다.

이 내용이 오늘 우리에게 주는 매우 중요한 메시지가 있습니다. 오늘날도 교회 안에 '세바'와 같은 교인이 있다는 것입니다. 세바가 다윗 왕을 대적했던 것처럼 교회에서도 그런 경우들이 종종 일어납니다. 그로 인해 교회가 혼란을 겪게 되고 많은 교인들이 환난을 당하게 됩니다.

그런데 본문은 우리가 만약 그런 상황에 직면하게 되었을 때 우왕좌왕 하며 혼란스러워하지 말라고 합니다. 환난을 앉아서 당하지 말라고 합니다. 성읍을 지킬 수 있는 내용을 그림처럼 그려놓고 오늘 우리에게 교훈합니다. 여호와의 기업, 그 기업을 지혜로써 지키라는 것입니다. 세바 같은 한 사람 때문에 하나님의 영원한 기업 교회가 파괴되고 그 안의 거룩한 성도들이 환난을 당하게 해서는 안 된다는 것입니다.

그 거룩한 사역에 이름도 없는 한 여인, 곧 지혜로운 한 여인이 여호와의 기업을 지켜내는 일에 쓰임 받은 것을 보여주고 있습니다. 여러분 한 사람 한 사람이 모두 이렇게 귀하게 쓰임을 받는 사람들이라는 것입니다.

이어지는 23절 이하에는 세바의 난이 진압되고 행정조직이 재정비되어 다윗왕의 새로운 역사가 시작되고 있습니다.

본문의 지혜로운 여인을 통해 깨닫는 것이 있습니다.

'아벨' 성에는 많은 사람들이 살고 있었습니다. 그런데 한 사람 '세바'로 인해 성읍의 백성들이 전부 죽을 상황에 이르렀습니다. 이 상황에 한 사람 '지혜로운 여인'에 의하여 성읍이 안전하게 되고 성읍 사람이 모두 살게 되었습니다. 이 여인은 하나님을 경외하는 믿음의 여인입니다. 하나님의 말씀대로 순종하는 여인입니다. 공동체의 평안과 안전을 위해 헌신한 여인입니다. 이것이 이 여인으로 하여금 지혜로 행하게 한 것입니다.

공동체 안에는 언제나 한 사람 '세바'가 있습니다. 그리고 '지혜로운 한 여인'이 있습니다. 공동체 안에서 악인은 공동체를 항상 시끄럽게 하고 파괴하려고 합니다.

공동체 안에서 의인은 공동체를 항상 평안하게 하고 공동체를 살려냅니다.

여러분은 어떤 사람입니까?

여호와의 기업을 지키라!

이것이 오늘 저와 여러분의 사명입니다. 그리하여 자손대대로 이 기업의 영광을 물려주어야 합니다.

이 일에 여러분께서 지혜의 여인 한 사람처럼 쓰임 받으시기를 예수님의 이름으로 축복합니다. 아멘!

10
뒷맛이 좋아야 한다

"다윗과 사울의 아들 요나단 사이에 서로
여호와를 두고 맹세한 것이 있으므로
왕이 사울의 손자 요나단의 아들
므비보셋은 아끼고"
〈사무엘하 21:1~9 중〉

뒷맛이란 음식을 먹은 뒤에 입안에 남는 맛, 일이 끝난 뒤에 느끼는 감성적인 느낌을 뜻합니다. 음식을 먹어도 뒷맛이 좋을 때 기분은 한결 더 좋습니다.

설교를 한 후에도 뒷맛이 아주 행복한 경우도 있지만 영 마음이 편치 않는 뒷맛을 느낄 때도 있습니다.

상대방과 많은 대화를 나눈 후 돌아와 다시 생각해 보면 "그 한 마디는 안 했으면 얼마나 좋아"하는 생각을 갖게 하는 뒷맛이 좋지 않은 경우도 있습니다.

사람을 만나고 헤어진 후 다시 만나고 싶고, 다시 이야기 하고 싶은 뒷맛 좋은 관계도 있습니다.

살아가노라면 뒷맛이 개운치 않은 일들을 경험할 때가 참 많습니다. 너와의 관계에서 괜스레 거만했던 것, 잠깐의 나의 행복을 위해 너에게 거짓말을 했던 것, 가난한 친구 앞에서 비싼 옷을 입고 폼 잡으면서 거드름 피웠던 것, 식당에서 밥값내기 힘든 친구 앞에서 대단하게 선심 쓰듯 계산했던 시간, 나보다 어려운 친구 앞에서 좋은 차를 타고 내리면서 자기도 모르게 상대방의 마음에 허전함을 느끼게 했던 것, 1,000원의 헌금도 할 수 없는 교인 앞에서 몇 천 만원 헌금하는 것은 아무것도 아니라는 듯 거드름을 피웠던 시간들……이런 모든 것들은 뒷맛이 개운치 않은 삶의 내용입니다.

사람 살아가는 인생 여정이 어찌 모든 시간들이 뒷맛 좋은 삶만 살 수 있겠습니까. 그럼에도 불구하고 우리는 뒷맛 좋은 삶을 살아가기 위해 노력하는 자세가 필요합니다. 만약 그런 노력을 하지 않는다면 사람도 짐승과 다를 바가 없습니다.

이번 본문을 가만히 묵상하면 참으로 많은 것을 생각하게 하는 내용으로 가득 차 있습니다. 성경의 역사 어딘들 그렇지 않겠습니까만 이 본문은 새삼 살아감에 대한 많은 것을 생각하게 합니다.

하나님께서 다스리시는 영광스런 나라 이스라엘, 그 이스라엘이 다윗이 나라를 통일한 후 얼마 되지 않아 3년 동안이나 기근에 들었습니다. 일 년도 아니고 3년씩이나 기근이 들었다는 것은 참으로 혹독한 천벌이 아닐 수 없습니다.

당연히 다윗은 하나님 앞에 나아가 기도를 하게 됩니다. 무슨 연유로 나라가 이토록 기근으로 황폐해 가는가를 물었습니다. 그러자 하나님의 대답은 참으로 놀라운 것이었습니다. 본문 1절 하반절을 함께 보겠습니다.

"여호와께서 이르시되
이는 사울과 피를 흘린 그의 집으로 말미암음이니
그가 기브온 사람을 죽였음이니라."

기브온 사람이 누구이기에 하나님께서 이토록 모진 천벌을 이스라엘에게 내리시는 것일까요?

2절을 보면 기브온 족속은 이스라엘 족속이 아니라고 합니다. 그들은 아모리 족속의 남은 자라고 합니다.

그런데 그 이방 민족을 위하여 하나님께서 이스라엘 민족에게 기근의 고통으로 형벌을 내리고 계신다는 것입니다.

그러므로 우리는 이들에 대한 역사를 살펴보아야겠습니다. 그들의 역사를 더듬어 가보면 여호수아 9장에 그들에 관한 이야기가 있습니다. 그것을 살펴보겠습니다.

이스라엘 민족이 가나안을 정복해 나갈 때입니다. 그 당시 여호수아는 기브온 족속과 조약을 맺습니다. 조약을 맺게 된 경위는 이러했습니다.

이스라엘 민족이 요단강을 건너 가나안 땅을 정복해 갈 때 하나님께서 이스라엘과 함께 하심으로 그 어떤 족속도 이스라엘을 이길 수 없다는 소식이 온 이방민족들에게 전파됩니다.

이 소식을 들은 기브온 족속들은 곧 그들도 정복을 당할 것이며 그 때에는 민족 전체가 멸절을 당할 것을 알았습니다. 그래서 살아남기 위해 먼 나라의 사신들처럼 위장을 하고 이스라엘 진영 여호수아에게로 찾아갑니다. 곰팡이가 핀 마른 빵을 헤어진 부대에 담고, 낡은 의복에 헤어진 신발을 신고 먼 길을 온 피곤에 지친 모습을 하고 찾아갑니다. 그러면서 기브온 민족들은 거국적으로 모두 이스라엘의 종이 될 것을 청하며 전쟁으로 자신들을 멸하지 말아주기를 간청합니다.

그렇게 멸절 당하지 않고 스스로 이스라엘에 투항을 해와 종이 되기를 자청하므로 이스라엘은 이 기브온 족속을 해하지 않기로 약조를 합니다. 그렇게 기브온 민족은 이스라엘 중에 살게 되었습니다.

그런데 사울과 그 가문의 사람들은 하나님을 향한 잘못된 열심과 백성들을 기쁘게 한다는 명목으로 기브온 사람들을 멸절 시키려는 계획을 세웠습니다. 그리고 마침내 그들은 수많은 기브온 사람들을 학살했습니다.

이스라엘과 기브온 민족의 여호수아서 9장에서의 약조는 하나님 앞에서 하나님의 이름으로 언약했던 것이었습니다. 그런데 사울과 그를 따르는 사람들이 이를 어김으로써 하나님의 이름을 더럽혔던 것입니다. 그것이 2절에 기록된 내용입니다.

그런데 참으로 놀라운 것은 하나님께서 그런 범죄를 저지른 사울의 가문을 멸망시키신 후 다윗시대에 와서 이 사건에 대하여 드러내고 계시는 것입니다. 뿐만 아니라 다윗시대에 기근을 통해 징벌을 내리고 계시는 것입니다.

이 사건을 보며 참으로 무섭다는 생각을 하지 않을 수가 없습니다.

다윗은 이 문제를 해결하지 않을 수 없었습니다. 그래서 기브온 사람들을 부릅니다. 그리고 그들에게 이 일을 어떻게 했으면 좋겠느냐고 묻습니다. 그것이 본문 3절입니다.

"다윗이 그들에게 묻되
내가 너희를 위하여 어떻게 하랴
내가 어떻게 속죄하여야
너희가 여호와의 기업을 위하여 복을 빌겠느냐."

기브온 사람들의 대답은 간단했습니다. 자기들을 학살하려고 했던 사람들의 자손 일곱을 내어주면 자기들이 처결을 하겠다는 것입니다.

그리하여 다윗은 사울의 일족 중에 일곱을 택하여 기브온 사람들에게 내어줍니다. 일곱 인을 받은 기브온 사람들은 그 일곱을 여호와 앞에서 목을 메달아 처형을 함으로 사건이 일단락이 되었습니다.

이 사건을 통해 우리가 생각할 몇 가지가 있습니다.

1. 하나님 앞에서의 약속은 반드시 지켜야 합니다.

이스라엘 백성들이 가나안을 정복할 때 가나안의 모든 나라 사람들은 연합하여 이스라엘을 대항하여 싸우려고 했습니다. 이 때 기브온 사람들은 그 무리들과 합류하지 않고 스스로 이스라엘을 찾아옵니다. 그리고 투항을 하며 화해를 청하여 조약을 맺고 이스라엘을 섬기는 민족이 됩니다.

이 조약 후 여호수아는 이스라엘 족장들에게 기브온 사람들은 절대 죽이지 말라고 명령을 내립니다. 비록 그들이 이스라엘 민족을 속이고 맺은 조약이지만 그래도 그것은 엄연히 하나님 앞에서의 언약이니 반드시 지켜야 한다고 했습니다.

그런데 사울은 이와 같은 역사적 사실을 제대로 파악하지 못하고 기브온 사람들을 학살했습니다. 그리고 그 결과로 다윗 시대에 이르러 3년의 기근으로 징벌이 임하게 되었던 것입니다.

하나님 앞에서의 언약은 반드시 지켜져야 합니다. 나에게 좋다고 지키고 나에게 좋지 않다고 변괴 하는 것은 옳지 않습니다. 내 기분에 맞고 맞지 않고는 중요한 것이 아닙니다. 내 뜻에 좋고 좋지 않고도 중요하지 않습니다.

하나님 앞에서의 약속은 지키는 것이 축복입니다. 그것을 지키지 않을 때는 화가 임합니다.

사람이란 살아가면서 누구나 실수를 합니다. 누구나 허물이 있습니다. 누구나 죄를 범하면서 살아갑니다. 그러나 어떤 상황에 이르러 문득 그것을 깨달으면 반드시 회개해야 합니다. 그리고 다시는 그렇게 살아서는 안 되는 것입니다. 그것이 성도의 축복된 삶입니다.

사사기 11장에는 하나님 앞에서의 서원이 얼마나 무서운 것인가를 기록하고 있습니다. 그것은 사사 입다의 하나님 앞에서의 서원을 지키는 모습에서 보여주고 있습니다. 그 전말을 살펴보면 이렇습니다.

입다가 암몬 족속과 전쟁을 하게 되었습니다. 그 때 입다는 만약 하나님께서 암몬 족속을 이기게 해 주시면 집으로 돌아갈 때 제일 먼저 환영 나오는 사람을 번제로 드리겠다고 서원을 합니다.

전쟁은 입다의 승리로 끝났습니다. 개선장군이 되어 집으로 돌아오는 입다를 가장 먼저 달려 나와 환영하는 사람이 있었습니다. 그는 입다의 하나밖에 없는 무남독녀였습니다. 청천벽력도 유분수입니다. 입다는 가슴을 뜯으면서 아파합니다. 그러나 하나님과의 약속을 변괴 할 수 없었습니다. 결국은 서원대로 딸을 번제로 드리게 되었습니다.

서원에 관하여 함께 볼 말씀이 있습니다. 전도서 5:4~5입니다.

"네가 하나님께 서원하였거든
갚기를 더디게 하지 말라.
서원하고 갚지 아니하는 것보다
서원하지 아니하는 것이 더 나으니"

보이는 형제를 사랑하지 않으면서 보이지 않는 하나님을 사랑한다는 것은 거짓말이라고 했습니다. 보이는 사람과의 약속도 지키지 못하는 사람은 보이지 않는 하나님과의 약속을 지킬 수 없습니다.

그러므로 비록 사람과의 약속일지라도 그리스도인이라면 반드시 지키는 것, 그것이 뒷맛 좋은 삶입니다.

2. 잘못된 열심은 뒷맛이 좋지 않습니다.

2절 말씀 중에 주목할 문장이 있습니다.

"사울이 이스라엘과 유다 족속을 위하여
열심이 있으므로 그들을 죽이고자 하였더라."

"이스라엘과 유다 민족을 위하여"라고 하고 있습니다. 열심은 열심인데 잘못된 열심이라는 것입니다. 이 열심은 사람을 죽이는 열심입니다. 공동체를 파멸시키는 열심입니다. 하나님의 뜻을 헤아리지 못한 열심입니다.

교회도 가끔 이런 사람들이 있습니다. 속된 말로 자기 딴에는 잘한다는 것입니다. 그런데 잠깐 멈추어 다시 생각해보면 그것이 도대체 누구를 위한 것인가를 헷갈리고 있는 것을 볼 수 있습니다.

교회를 망치자고 하는 교인이 어디 있겠습니까. 각 기관부서를 시끄럽게 하고 싶은 교인이 누가 있겠습니까. 그런데 교회가 시끄러워지고 기관부서가 시끄럽게 되는 일이 왜 일어납니까? 잘못된 열심 때문입니다. 모두가 자기가 하는 일이 다 옳다는 것입니다. 자기 생각이 옳으니까 자기 생각대로 말하고 행동합니다. 그러다보니 부딪칩니다. 시끄러워지게 되는 것입니다.

기관의 팀장이 왜 있습니까? 당회에 당회장이 왜 있습니까? 교회에 담임목사가 왜 있고 교단에 헌법이 왜 있습니까?

시끄러운 곳의 특징이 무엇입니까? 기준이 없는 무질서가 판을 치기 때문입니다. 마치 사사시대에 자기 소견에 옳은 대로 행하였더라는 말처럼 교회 일을 하기 때문입니다.

30년 넘는 목회를 하면서 교회를 목양하는 저의 기준이 있습니다. 일하다가 사람을 잃으면 일 안하는 것입니다. 교회 일의 중심이 사람 살리는 일인데 사람을 잃으면서, 사람을 죽이면서까지 교회 일을 하는 것은 어리석은 것입니다.

교회가 왜 시끄럽습니까? 일하다가 시끄럽습니다. 그러다가 사람을 다 잃어버립니다. 그것은 하나님이 계시지 않는 사람들의 모임에서 일어나는 결과입니다. 그래서 과유불급(過猶不及)이라는 말이 우리에게 주는 교훈은 참 큽니다.

사울과 그를 따르는 자들의 열심은 자신에게도 가족에게도 그리고 민족에게도 아무 도움이 되지 못했습니다. 오히려 후손들을 망치는 열심이었습니다.

우리는 무슨 일을 하든지 반드시 먼저 하나님의 뜻을 헤아려야 합니다. 이것을 하나님이 기뻐하실까? 하는 기도가 우선되어야 합니다.

히틀러의 열심이 왜 잘못되었습니까? 게르만 민족이 세계를 지배해야 한다는 잘못된 판단 때문이었습니다. 결과는 멸망이었습니다.

우리나라 독재자들의 열심이 왜 잘못되었습니까? 오직 조국근대화, 경제 부흥을 위해 전체를 보지 못하고 자기 생각대로 행동했던 것이 문제였습니다.

햇볕정책이 왜 문제가 됩니까? 남북통일을 앞당기는 것, 그것만이 전부가 아님에도 그것이 전부라고 생각했기 때문에 오늘과 같은 결과가 오는 것입니다.

4대강이 왜 자꾸 언론에 오르내리는 것입니까? 그것만이 전부가 아닙니다. 그런데 그것만이 전부라고 하는 생각 때문에 결과가 아름답지 못한 것입니다.

지금 한기총이 왜 문제가 되었습니까? 자기만이 한국기독교를 바르게 세울 수 있다는 잘못된 열심 때문에 이 모양이 되어가고 있는 것입니다.

오늘날 교회들이 왜 시끄럽습니까? 내가 교회에서 무엇을 하겠다는 잘못된 열심 때문에 교회가 근본이 흔들리는 것입니다.

사울의 열심은 하나님을 위한 열심히 아니었습니다. 그의 열심은 인간을 위한 것이었습니다. 그것이 화를 부른 것입니다.

예수님도 마태복음 16장에서 베드로에게 "네가 하나님의 일을 생각하지 아니하고 도리어 사람의 일을 생각한다"고 책망 하셨습니다.

사도 바울도 갈라디아서 1:10절에서 "내가 사람들에게 좋게 하랴 하나님께 좋게 하랴"고 선포를 했었습니다.

잘못된 열심은 더 큰 화를 불러 오는 원인이 된다는 것을 깨달아야 합니다. 그것을 깨닫는 것이 뒷맛 좋은 삶의 첩경입니다.

교회에서 무슨 일을 할 때는 자신의 존재를 극도로 낮추어야 합니다. 그리고 기도하며 하나님의 뜻을 먼저 헤아려야 합니다. 그것이 지혜입니다. 그것이 축복입니다.

3. 선을 행하면 뒷맛이 좋습니다.

7절 말씀에 주목할 내용이 있습니다.

"그러나 다윗과 사울의 아들 요나단 사이에
서로 여호와를 두고 맹세한 것이 있으므로
왕이 사울의 손자 요나단의 아들
므비보셋은 아끼고"

무슨 말인지 아시지요?

다윗이 기브온 사람들에게 사울의 직계 후손 일곱 명을 내어 주어야 할 상황에 요나단의 아들 므비보셋을 제외했다는 내용입니다. 왜 이렇게 그를 제외하지 않으면 안 되었느냐 하면 다윗과 요나단과의 약속(삼상18:3, 20:16, 23:18) 때문입니다.

요나단이 아버지 사울의 손에서 다윗을 살려낼 때 두 사람은 약속을 했습니다. 어떤 상황에 이를지라도 다윗과 요나단은 서로를 사랑하고 가문의 사람들을 죽이지 않고 보살피자는 우정의 약속이었습니다.

그것 때문에 사무엘하 9장에서 다윗은 요나단의 아들 므비보셋을 수소문하여 왕궁으로 데려와 왕자처럼 함께 생활하게 했습니다. 아버지 요나단 때문에 그 아들 므비보셋이 살았습니다. 할아버지 사울 때문에 죽어나간 후손들이 7명이었습니다. 그 중에 므비보셋은 1차

명단에 들어갈 직계였지만 다윗은 므비보셋을 그 죽음의 명단에서 제외시켰던 것입니다.

요나단의 선행이 그 무엇과도 비교할 수 없는 생명을 살리는 뒷맛 좋은 결과를 가져온 것입니다.

창세기 26장을 보면 하나님께서 이삭을 축복할 때마다 "네 아버지 아브라함을 인하여"라고 아버지의 선행을 말씀하셨습니다.

솔로몬이 잘못했을 때 하나님은 "네 아비 다윗 때문에" 라고 하시면서 징벌을 내리지 않고 그 후손들 시대에 와서 징계를 하신 말씀도 마음에 담아 둘 말씀입니다.

자식들에게 선행을 통한 뒷맛 좋은 축복을 물려주는 것이 부모로서는 최대의 선물입니다. 그런데 그렇지 못하고 만약 불행을 물려준다면 그것이야말로 부모로서는 절대로 해서는 안 될 최대의 악함입니다.

선행이란 그렇게 뒷맛이 좋은 것입니다. 선을 행하고 당장 느끼는 현재적인 뒷맛만 좋은 것이 아닙니다. 아직 오지 않은 대대로 이어지는 미래로까지의 진행형, 그것이 마르지 않는 샘과 같은 선행의 뒷맛 좋은 삶입니다.

뒷맛 좋은 이야기 한토막입니다.

주일 오후가 되면 늘 거리로 나가 지나가는 사람들에게 전도지를 나누어주는 한 그리스도인이 있었습니다. 비가 억수같이 쏟아지던 어느 주일 오후였습니다. 그날은 몹시도 피곤했습니다. 그래서 그는 자기 집에서 조용히 쉬고 있었습니다. 그 때 그의 아들이 아버지에게 물었습니다.

"아빠, 오늘은 왜 전도지 나누어주러 가지 않으세요?"

"비가 너무 많이 오고 있구나."

"아빠, 그럼 비 오는 날에는 하나님께서 사람들을 구원하시지 않으시나요?"

"비가 너무 많이 내릴 때에는 거리에 사람들이 별로 없단다. 게다가 아빠는 지금 몹시 피곤하거든."

"아빠, 그렇다면 제가 아빠 대신 나갈까요?"

아들의 진지한 모습을 본 그는 전도지를 주면서 다 나눠준 후 곧장 집으로 돌아오라고 주의를 주었습니다.

아들은 전도지를 들고 비속을 나섰습니다. 비 때문에 사람들의 왕래가 적어 전도지를 나눠주는 데에는 오랜 시간이 걸렸습니다. 마침내 소년의 손에는 한 장의 전도지가 남게 되었습니다. 소년은 가장 가까운 집을 찾아가 문을 두드렸습니다.

"누구시죠?"

몹시 침통한 표정의 여인이 문을 열었습니다. 소년은 얼굴에 큰 웃음을 띠고 공손히 말했습니다.

"미안해요. 아줌마, 저는 아줌마께 이 전도지를 전해드리러 왔어요."

그리고 일주일은 빠르게 지나 다음 주일 예배 시간이 되었습니다. 찬송과 기도 후 목사님께서 주님의 은혜를 간증하고 싶은 분이 계시냐고 물었습니다. 그 때 회중 가운데서 한 여인이 일어났습니다. 여인의 얼굴에는 하늘빛이 감돌고 있었습니다.

"저는 남편과 아들을 잃어버린 후 인간의 모든 고통을 맛보았습니다. 오랜 갈등 후 저는 자살을 결심했습니다. 비가 많이 오던 주일 밤, 목을 맬 준비를 하고 있는데 갑자기 누군가가 문을 두드렸습니다. 문을 열어보니 거기에는 생기발랄한 작은 천사가 서 있었습니다. 그는 저에게 전도지 한 장을 주었습니다. 그것을 읽으면서 저는 하나님께서 저를 버리지 않으셨다는 것을 알았습니다."

뒷맛 좋은 행함의 아름다운 이야기입니다.

선을 행하는 것 보다 더 좋은 것은 없습니다. 선행 중에 가장 지고한 선은 사람을 살리는 것입니다. 악행 중에 가장 극악한 것은 사람을 죽이는 것입니다. 죽이고 살릴 수 있는 것 중에 가장 고귀한 것은 영혼입니다.

우리 모두 복음전도를 통한 지고한 뒷맛 좋은 삶을 살아 후손대대로 복을 누리기를 예수님의 이름으로 축복합니다. 아멘!

11
지성(至誠)이면 감천(感天)

"모두 왕의 명대로 좇아 행하니라
그 후에야 하나님이
그 땅을 위한 기도를 들으시니라"
〈사무엘하 21:10~14 중〉

마태복음 8장에는 예수님을 감동시킨 사건이 있습니다. 가버나움에 사는 한 백부장의 하인이 병들어 죽게 되었습니다. 그때 백부장이 예수님께 나아와 하인을 고쳐달라고 간청을 합니다. 예수님은 백부장의 청을 듣고 그 집을 방문하시려고 했습니다. 그러자 백부장은 황급히 예수님께 말씀을 드립니다. 8절의 말씀을 함께 보겠습니다.

"백부장이 대답하여 이르되
주여 내 집에 들어오심을
나는 감당하지 못하겠사오니
다만 말씀으로만 하옵소서
그러면 내 하인이 낫겠사옵나이다."

예수님은 백부장의 말을 듣고 깜짝 놀라셨습니다. 감동을 받으셨습니다. 그리고 이렇게 말씀 하셨습니다.

"이스라엘 중 아무에게서도
이만한 믿음을 보지 못하였노라.
가라. 네 믿은 대로 될지어다."

그리고 그 다음에 이렇게 기록되어 있습니다.

"그 즉시 하인이 나으니라."

누가복음 7장에도 같은 사건이 기록되어 있는데 이 백부장의 삶이 마태복음에서 보다 구체적입니다. 그 기록을 보면 백부장의 삶은 많은 사람들을 감동시키고 있습니다. 그리고 또한 그는 하나님을 감동시키는 믿음 생활을 했습니다.

백부장은 하인을 사랑했습니다. 나라를 사랑하고 이웃을 사랑했습니다. 그런 그의 삶이 예수님을 감동시켰습니다. 그리고 오늘 예배를 드리는 우리를 감동시키고 있습니다.

이 백부장을 통해 실감하는 말이 있습니다. '지성이면 감천!' 즉 정성이 지극하면 하늘도 감동한다는 말입니다.

사람을 감동하게 하는 것에 그리 특별한 것이 필요한 것은 아닙니다. 우리의 일상 속 작은 마음 씀이 사람을 감동하게 합니다. 부모님을 감동케 하는 것도 고광대실 진수성찬을 봉양하는 것이 아니라는 것을 우리는 잘 알고 있습니다.

여러분은 물 끓이는 주전자 뚜껑에 왜 구멍이 뚫려 있는지 아십니까?

주전자 뚜껑에 구멍이 뚫리기 전이었습니다. 주전자에 물이 끓으면서 뚜껑이 요란하게 덜거덕거리기 시작했습니다. 그러자 그 소리에 잠을 이루지 못하는 사람이 있었습니다. 그는 몸이 몹시 아픈 환자였습니다. 환자를 간호하던 보호자가 그 상황을 보고 환자가 잠을 이루지 못해 더욱 괴로워하는 것을 안타까이 여겨 주전자 뚜껑에 구멍을 뚫게 되었습니다.

그것이 오늘날 주전자의 뚜껑에 구멍을 뚫는 유래가 되었습니다.

사랑을 하면 감동을 줄 수 있는 생각이 떠오릅니다.

음료를 마실 때 사용하는 빨대에 몇 가지 종류가 있습니다. 그 중에 주름빨대가 그렇지 않은 것보다 인기가 있습니다. 왜 그런지 아시는지요?

일어날 수 없는 중환자가 물을 마실 때 너무 힘들어 했습니다. 그래서 간호하던 사람이 어떻게 하면 저 환자가 물이라도 좀 쉽게 마실 수 있게 해 줄 수 있을까 하고 생각을 하다가 구부러지는 빨대를 생각했습니다. 그 생각이 직선의 빨대를 중간에 주름을 잡아 구부릴 수 있는 빨대를 만들어 내게 했습니다.

사랑을 하면 감동을 줄 수 있는 사고가 확장 됩니다.

이기영이라는 청년이 있었습니다. 이 청년은 두루 아름다운 면모를 다 갖춘 청년이었습니다. 이 청년은 영옥이라는 처녀를 사랑했습니다. 두 사람의 사랑은 참으로 아름다웠습니다. 그러던 어느 날 기영 청년이 사고를 당합니다. 이 사고로 하반신을 사용할 수 없는 지체부자유한 장애인이 되었습니다. 휠체어에 몸을 의지했습니다. 이 청년은 사랑하는 영옥을 놓아주어야겠다고 생각했습니다. 그러나 영옥은 기영이 비록 하반신을 사용하지 못하는 장애인이 되었어도 변함없이 그를 사랑했습니다. 두 사람은 결혼을 했습니다. 영옥은 남편을 신학교에 입학시키고 온갖 고난의 시간을 통과하면서 뒷바라지를 했습니다. 마침내 그 청년은 목사가 되었습니다.

지금 우리교회 장애인 부서를 맡아 행복하게 사역을 하고 있는 이 사람이 바로 이기영 목사 부부입니다.

사랑보다 아름다운 것은 없습니다. 사랑보다 상대방을 감동시키는 것은 없습니다. 사랑보다 하나님을 감동시키는 것은 없습니다. 사랑하기 어려운 사람을 사랑하는 것은 더 큰 감동을 줍니다.

이번 본문은 사람을 감동케 하고 하늘을 감동케 하는 이야기가 있습니다.

3년에 걸친 극심한 기근의 이유가 사울과 그를 따르는 자들이 기브온 사람을 학살한 역사 때문임을 알게 된 다윗 왕은 기브온 사람들을 불러 논의를 했습니다. 그리고 그들의 요구대로 사울의 직계후손 7명을 내어줍니다. 그들은 나무에 달려 죽임을 당했습니다.

때는 들판의 곡식을 베어 추수를 시작하는 때였습니다. 처형당한 사울의 후손들의 시신은 누구 하나 그 사체를 돌아보아 묻어주는 이가 없이 버려져 있었습니다. 죽임을 당한 일곱인 가운데 사울의 첩 '리스바'가 나은 아들도 있었습니다.

이런 때에 리스바는 곡식을 베기 시작할 때부터 하늘에서 비가 시체에 쏟아질 때까지 낮에는 새들이 사체위에 앉지 못하도록 지키고, 밤에는 들짐승이 범하지 못하도록 지켰습니다. 이런 리스바의 모습이 본문 10절에 있습니다.

"아야의 딸 리스바가
굵은 베를 가져다가
자기를 위하여 바위 위에 펴고
곡식 베기 시작할 때부터
하늘에서 비가 시체에 쏟아지기까지
그 시체에 낮에는 공중의 새가 앉지 못하게 하고
밤에는 들짐승이 범하지 못하게 한지라."

우리가 주목할 내용은 "곡식 베기 시작할 때부터 하늘에서 비가 시체에 쏟아질 때까지"라는 구절입니다. 이 기간이 정확하게 얼마 동안인지는 모릅니다. 그러나 13절에 기록된 '뼈'라는 말을 보면 상당한 시간이 지났다는 것을 알 수 있습니다. 학자들에 의하면 6개월의 기간이었다고 주석을 하기도 합니다.

여러분, 생각해 보십시오. 그 기간 동안 밤낮으로 아들의 시체를 새와 짐승으로부터 지키기 위하여 지성(至誠)을 다한 모성애를 말입니다.

이 일이 다윗에게 들렸습니다. 즉 리스바의 이런 정성이 다윗을 감동시켰습니다. 리스바의 행동은 미워도 가족, 좋아도 가족을 생각하게 합니다. 모성애(母性愛)의 본능을 생각하게 합니다. '피는 물보다 진하다'는 혈육에 대한 사랑의 의무입니다.

아들들은 사울로 인해 하늘의 징벌을 받아 길가에 버림을 받았습니다. 그렇지만 추형(追刑)을 당해 버려진 자식의 그 사체를 새와 짐승이 먹도록 방치해 둘 수는 없었습니다.

이와 같은 리스바의 지성(至誠)이 하나님을 감동케 했습니다. 그래서 하나님은 비를 내려 기브온 사람을 죽인 사울 가문의 죄에 대한 용서를 나타내셨습니다. 다윗 또한 어미 리스바의 지성(至聖)을 듣고 감동하지 않을 수 없었습니다. 13~14절 말씀은 그것을 잘 표현해 주고 있습니다.

"다윗이 그 곳에서 사울의 뼈와
그의 아들 요나단의 뼈를 가지고 올라오매
사람들이 그 달려 죽은 자들의 뼈를 거두어다가,
사울과 그의 아들 요나단의 뼈와 함께
베냐민 땅 셀라에서
그의 아버지 기스의 묘에 장사하되
모두 왕의 명령을 따라 행하니라."

다윗은 먼저 사울과 요나단의 뼈를 거두었습니다. 그러자 사람들은 죽은 일곱 명의 뼈도 다 거두었다는 것입니다. 그리고 사울의 아버지가 묻혀 있는 곳에 장사해 주었습니다. 이렇게 모든 사후 처리가 아름답게 마무리 되었을 때 하나님의 축복이 임합니다. 그것이 14절 후반부에 우리가 주목할 말씀입니다.

"그 후에야 하나님이
그 땅을 위한 기도를 들으시니라."

한 마디로 이렇게 마무리가 되는 것은 '리스바'의 그 지성(至誠)이 다윗을 감동케 했고 결과적으로 감천(感天)의 축복을 가져왔다는 것입니다.

잠깐 멈추어 생각해 보십시다.

리스바 그 여인의 슬픔이 얼마나 극에 달했겠습니까. 아들을 잃고 하늘이 무너져 내리는 것 같았을 것입니다. 이런 기막힌 상황에서도 그 여인은 자기가 해야 할 일을 알고 있었습니다. 비록 아들이 아버지 사울의 범죄로 인해 그처럼 처절한 형벌로 죽임을 당했지만 그 사체를 짐승들이 뜯도록 내버려 둘 수는 없었습니다. 그 어느 누구 한 사람도 나서서 도와주는 이가 없고, 또 장사를 지내주려고도 하지 않지만 아들들의 시체를 새와 짐승의 밥이 되게 할 수 없다는 일념으로 밤낮을 가리지 않고 시체를 지켰습니다.

이것이 하나님의 진노를 돌리는데 기여한 감천(感天)의 동기가 되었습니다. 그리고 다윗의 마음을 감동케 한 사건이 되었습니다. 그것을 본문은 이 세대를 사는 우리에게 드러내고자 하는 것입니다.

이 시대를 감동이 없는 시대라고 합니다. 인터넷을 살펴보십시오. 가슴이 서늘해 지는 글들이 온 소식판을 도배하고 있습니다. 사람들의 마음이 얼마나 강팍한지 도무지 고운 말들을 배우지도 못한 사람들처럼 마구잡이로 문자를 만들어 올립니다. 그 중에는 기독교를 '개독교'라는 말로 비꼬아 사용합니다. 아무리 타락한 마음이라도 어찌 그런 말을 전혀 두려움 없이 마구 쏟아내고 있는지, 나중에 그 뒷감당을 어떻게 하려고 하는지 정말 두려움을 금할 수가 없습니다.

그런 표현은 단순한 비난의 수준이 아닙니다. 저주 받은 말입니다. 그것은 표현의 자유가 아닙니다. 표현의 자유라는 미명(美名)으로 그런 표현을 쓸 수는 없습니다.

이제 이 시대는 온갖 독설과 악담과 저주를 문자화 하는 시대가 되었습니다. 이러한 환경은 우리 민족의 장래를 감히 가늠할 수 있는 언어문화입니다. 우리 아이들의 내일을 예견할 수 있는 언어문화입니다. 이러한 언어폭력의 정도가 이제는 이미 도를 넘어섰습니다. 그래서 인터넷 실명제가 필요하다고 누누이 역설해 왔습니다.

이미 이렇게까지 되기 전에 국어원에서는 언어를 순화해야 한다고 염려를 했습니다. 그러자 사방에서 표현의 자유를 구속한다고 들끓었습니다.

과연 지금의 이 결과가 표현의 자유를 제대로 누리고 있는 것입니까? 아름다운 방향으로 가고 있느냐는 말입니다.

교회도 마찬가지입니다. 좋은 말이 얼마나 많습니까. 그런데도 굳이 좋지 않은 말을 골라서 해야 직성이 풀리는 사람이 있다면 과연 그 심령에 하나님이 계신 것일까요? 참으로 두려운 언어문화입니다.

말은 생각의 표현입니다.

에머슨은 "말이란 그 사람의 생각하는 그 자체다"라고 했습니다.

생각이 말이 되고, 말이 행동이 되며, 행동이 자신의 삶이 된다는 것을 생각한다면 우리의 언어문화가 이래서는 안 됩니다. 언어는 우리의 삶을 만드는 것입니다. 언어는 사람의 중추신경을 지배하는 것입니다. 참으로 중요한 것입니다.

아무리 민주화를 말하고 표현의 자유를 말하지만 한 나라의 대통령을 두고 읽기도, 보기도, 듣기도 민망한 비속어로 비판하는 나라가 어떻게 장래가 있겠습니까.

나라가 이 모양이 된 것은 방송문화가 문제가 되고, 연극과 영화가 문제가 되며, 그것을 제대로 선도하지 못하는 이 나라 관계부처의 무능한 정책과 행정을 지적하지 않을 수 없습니다.

국민들의 눈과 귀와 입이 되는 언론 신문 기자들의 단어 선택 또한 결코 간과할 수 없는 것입니다.

그리고 정직하게 고백하지만 그 앞서 교회가 반성하고 회개할 일들이 한두 가지가 아니라는 것을 말하지 않을 수 없습니다.

우리교회가 행복한 것은 여러분들의 언어문화가 축복문화이고 감동문화이기 때문인 줄 믿습니다. 하나님을 감동시키면 우리의 삶도 감동으로 충만합니다.

본문이 교훈하는 것이지만 사울과 다윗을 생각해 보십시오.

사울의 삶의 내용은 항상 타인을 아프게 하고 많은 사람들에게 불편을 주며 그 자신의 하는 일들이 교만으로 충만했던 삶이었습니다. 그 결과가 어땠습니까? 그로 인한 모든 것들이 형벌과 징계와 파멸이었습니다. 그와 함께 했던 사람들의 마지막이 비참했습니다.

이번 본문만 해도 그렇습니다. 하나님 앞에서 약속한 기브온 사람들을 그토록 처참하게 학살한 결과가 결국 자신의 후손 일곱이 그토록 참담하게 일생을 마무리해야 되는 결과를 거두었습니다.

그러나 다윗의 삶의 내용은 그와는 전혀 달랐습니다. 이해와 관용과 용서와 사랑의 삶이었습니다. 그래서 그와 관계된 모든 사람들이 축복을 받았습니다. 그와 관계된 모든 것들이 아름다움이었습니다.

사랑하면 사랑이 옵니다. 미워하면 미움이 옵니다. 축복하면 축복이 오고 감사하면 감사가 옵니다. 불평하면 불평이 오고 원망하면 원망이 옵니다.

이스라엘 민족에게 있어 기브온 사람들은 오늘 우리교회 외국인 선교부를 생각나게 합니다. 본문을 묵상하면서 저는 개인적으로 외국인 선교부에 속한 외국인들을 더 잘 보살펴 드려야겠다는 생각을 합니다.

그것이 복을 받는 길이기 때문입니다. 약한 자를 도우면 하나님이 도와주십니다. 가난한 자를 도와주면 하나님이 부요하게 하십니다. 병든 자를 돌아보면 하나님이 건강을 주십니다.

그 삶이 지성(至誠)입니다. 그 지성이 하나님을 감동케 합니다. 하나님이 감동하시면 그것으로 만사 오케이입니다.

리스바라는 한 여인의 지성(至誠)이 하나님을 감동케 했습니다. 그래서 용서의 비를 내렸습니다. 다윗의 마음을 감동시켰습니다. 그래서 사울과 요나단의 뼈까지 거두어 장사를 지내주었습니다. 백성들의 마음을 감동시켰습니다. 그래서 일곱 명의 뼈를 거두어 사울과 요나단과 함께 조상의 곁에 장사를 지내주었습니다.

지금도 그렇지만 교회 성장 세미나가 어쩌면 한국교회 세미나의 중심일 수 있습니다.

그런데 언제부터인가 제 마음에는 교회 성장 세미나가 아니라 바른 교회 세우기 세미나가 절실하다는 생각을 하게 되었습니다.

전국을 다니면서 말씀 사역을 하면서 더더욱 그것을 생각하게 되었습니다. 그래서 연구소를 지으면 꼭 한국교회를 위하여 그것을 포스코 광고 문구처럼 "소리 없이 한국교회를 움직이는 연구소"를 열고 싶은 마음입니다.

본문의 리스바를 통해 많은 생각을 하게 됩니다. 가족 사랑을 생각합니다. 모성애를 생각합니다. 끈질긴 기도를 생각 합니다. 자기가 해야 할 일을 알면 끝까지 그 자리에서 목숨을 걸고 몫을 감당하는 신실함을 생각합니다. 사람을 감동시키고 하나님을 감동시키는 방법을 생각하게 합니다.

지난 주 화요일, K 권사님이 포항 우리들 병원에 입원했습니다. 그토록 힘들어 했던 다리관절과 허리 통증을 수술하기 위해서였습니다. 입원하기 전에 목양실로 와서 하시는 말씀은 저의 가슴에 감동을 주는 내용이었습니다.

18년 전, 제가 부임하고 곧 바로 시작된 특별 새벽기도회에 참석하여 오랜 지병인 피부병을 깨끗하게 치료함을 받으셨습니다. 그리고 그 때부터 화장실 청소를 도맡아 해 오셨습니다. 그러다가 화장실청소를 L장로님에게 뺏기고(?) 그 때부터 교회 화분 관리를 하기 시작하여 이제는 15년이 되었습니다.

허리를 제대로 펴지도 못하면서도 폐휴지를 모아 만든 돈으로 화분 분갈이를 하고 물을 주면서 오늘에 이르렀습니다. 그런데 허리 수술을 더 이상 미룰 수 없게 되었습니다.

권사님이 제게 질문을 하셨습니다.

"목사님, 은퇴가 얼마나 남았습니까?"

"3년 조금 못 남았습니다. 왜요?" "아직 많이 남았네... 난 한 일년 남았는가 생각했는데... 왜냐하면 화분 관리를 목사님 은퇴하시는 날까지 한다고 하나님과 약속을 했거든요."

순간 가슴이 찡했습니다. '몸은 지금 말이 아닌데 내가 은퇴할 때까지 하겠다고 서원한 것이 마음에 짐이 되구나' 하는 생각이 들었습니다. 그래서 권면했습니다.

"권사님 이제는 그만 하셔도 됩니다. 다음 사람에게 물려주는 것도 하나님이 기뻐하실 것입니다. 아무 걱정 말고 수술 잘 받고 건강하게 여생 사시기 바랍니다."

그런데 권사님은 내 말이 못내 서운한 표정이었습니다. 수술 받고 나와서도 목사가 은퇴할 때까지 하라고 하면 좋겠다는 것입니다. 그래서 곧 바로 말을 바꾸었습니다.

"하나님이 건강 주셔서 제가 은퇴할 때까지 화분 관리하시기 바랍니다. 할렐루야."

기도를 받고 나가는 권사님의 허리는 제대로 펴지지 않는 산골 할머니의 걸음이었습니다.

권사님이 목양실을 나간 후에도 저는 의자에 앉지를 못했습니다. 그냥 무엇인지 모를 찡한 전율이 온 몸을 감싸고돌았습니다.

다음 날 병원에 가서 K 권사님의 수술비용을 제가 미리 정리를 했습니다. 하나님께서 권사님을 회복시켜 주시리라 믿습니다.

개인의 일이든 가정의 일이든, 회사의 일이든 교회의 일이든 지성(至誠)을 다 하면 감천(感天)은 물론 모든 사람들을 감동시킵니다. 그것이 살아감의 기쁨이며 축복입니다.

사랑하는 성도 여러분! 그리스도인으로서 하나님 앞에서 지성(至誠)을 다하는 신앙생활 하시기를 예수님의 이름으로 축복합니다. 그러면 하나님께서 감천하시고 여러분의 품에 기쁨으로 안겨주실 것입니다. 아멘!

12
등불이 꺼지지 않게 하라

"왕은 다시 우리와 함께
전장에 나가지 마옵소서
이스라엘의 등불이 꺼지지 말게 하옵소서"
〈사무엘하 21:15~22 중〉

20세기의 등불이라고 불리우는 타고르가 1929년에 일본을 방문했습니다. 한국의 한 신문기자가 한국에도 한번 와 줄 것을 부탁했습니다. 타고르는 방문할 수 없는 사정을 안타까워하면서 시 한편을 적어 주었습니다. 그때 적어 주었던 시가 '동방의 등불' 입니다.

"일찍이
아시아의 황금 시기에 빛나는
동방의 등불의 하나 코리아
그 등불이 다시 켜는 날에
너는 동방의 밝은 빛이 될지니"

나라 잃은 서러움과 절망 가운데 있던 한국 사람들에게 그 한 편의 시는 위로와 소망이 되었습니다.

올해 우리 교회의 표어는 '세상의 소금과 빛 된 교회'입니다. 한마디로 세상에서 맛을 내는 교회이며 어두운 세상을 밝히는 등불 역할을 하는 교회를 뜻합니다.

맛을 내지 못하는 소금은 밖에 버려져 사람들의 발에 밟힐 뿐입니다. 불이 꺼진 등은 아무 곳에도 사용가치가 없는 그야말로 무용지물입니다.

그러므로 교회는 세상의 소금과 빛의 역할을 제대로 감당해야 합니다. 다시 말해서 교회는 세상의 소금과 빛의 존재로써의 역할을 하는 더 없이 존귀한 존재라는 것을 새삼 자각하며 살라는 말씀입니다.

이번 본문은 또 하나의 아름다운 관계를 보여주고 있습니다. 참으로 가슴 찡한 사나이들의 깊은 충정의 관계입니다.

다윗이 기브온 사람과의 문제를 해결하고 나니 곧 바로 블레셋 사람들이 전쟁을 일으켜 이스라엘로 쳐들어왔습니다. 다윗도 전장에 나가 신복들과 함께 힘써 싸웠습니다. 그러나 옛날 이스라엘 백성들이 외치던 '사울이 죽인 자는 천천이요 다윗은 만만이로다'의 다윗이 아니었습니다. 이미 그는 연로한 왕이었습니다. 그런 탓에 전쟁 중에 피곤해졌습니다. 그 때 블레셋의 젊은 장군 '이스비브놉'이 무게가 300세겔 (1세겔: 11.4g x 300세겔 =약 3.4kg)이나 되는 놋 창과 칼을 들고 다윗을 죽이려고 달려들었습니다. 다윗 왕이 위기에 놓였습니다. 이 때 '아비새'가 황급히 블레셋 장군 '이스비브놉'을 죽입니다. 그리고 신복들이 다윗에게 충정어린 조언을 합니다. 그것이 17절입니다.

"스루야의 아들 아비새가 다윗을 도와
그 블레셋 사람을 쳐죽이니
그 때에 다윗의 추종자들이 그에게 맹세하여 이르되
왕은 다시 우리와 함께 전장에 나가지 마옵소서
이스라엘의 등불이 꺼지지 말게 하옵소서 하니라."

"이스라엘의 등불이 꺼지지 말게 하옵소서." 가슴 저리도록 깊은 사랑이 담긴 충정어린 간청입니다.

여기서 표현된 '등불'은 타오르는 생명과 번영과 영광을 상징합니다. 백성들은 다윗을 이스라엘의 등불로 생각했습니다. 그리고 그 등불은 당연히 이스라엘과 맥을 같이 하는 것으로 생각했습니다. 곧 다윗 없이는 이스라엘이 없다는 의미입니다.

등불이 꺼져서는 안 되는 당위성에 대해서 이스라엘 백성들은 이미 모세의 율법을 통해 잘 알고 있었습니다.

출애굽기 27:20~21의 말씀을 다시 보겠습니다.

"너는 또 이스라엘 자손에게 명령하여
감람으로 짠 순수한 기름을

등불을 위하여 네게로 가져오게 하고
끊이지 않게 등불을 켜되,
아론과 그의 아들들로
회막 안 증거궤 앞 휘장 밖에서
저녁부터 아침까지 항상 여호와 앞에
그 등불을 보살피게 하라
이는 이스라엘 자손이 대대로 지킬 규례이니라."

즉 등불이 꺼지는 것은 이스라엘이 하나님의 축복과 은혜에서 멀어지는 것임을 의미하는 것입니다. 이런 의미에서 욥기 18:5~6의 말씀을 적용해 보면 '등불의 꺼짐'은 곧 죽음과 파멸을 상징하는 것으로써 다윗이 죽게 되면 그것은 또한 이스라엘의 파멸을 상징하는 것으로 이해를 하고 있는 것이었습니다.

등불과 관련된 말씀을 몇 곳 보겠습니다. 먼저 잠언 13:9입니다.

"의인의 빛은 환하게 빛나고
악인의 등불은 꺼지느니라."

잠언 24:20입니다.

"대저 행악자는 장래가 없겠고
악인의 등불은 꺼지리라."

등불이 꺼지는 것은 곧 죽음과 파멸이라는 것입니다. 악인의 삶이 그렇다는 것입니다. 그것은 곧 하나님의 축복에서 멀어지는 것을 의미하는 것입니다.

언제부터인가 이 나라는 대통령을 향하여 몹쓸 말을 함부로 하는 타락한 나라가 되었습니다.

북한을 높이고자 하는 것은 아니지만 한 나라의 지도자를 향한 백성들의 경외의 기본자세가 북한만큼 높이 갖추어져 있는 나라도 없을 것이라는 생각을 해 봅니다.

이번 본문에서도 그것을 보여주고 있습니다.

교회도 마찬가지입니다. 담임목사를 향한 교인들의 마음 자세는 그 옛날 우리 믿음의 선배들의 마음과 정신 자세는 이제 찾아 볼 수 없는 시대가 되었습니다. 그래서 사이비 이단들과 공산주의자들, 그리고 교회를 파괴하려는 사단의 무리들이 대형교회 담임목사 하나만 넘어뜨리면 교회 하나쯤은 쉽게 무너진다는 생각을 하는 시대가 되었습니다.

그런 면에서 이 본문은 우리에게 많은 것을 깨우치고 있습니다.

아비새가 '이스비브놉'을 죽인 후 놀라운 일이 이어집니다. 곧 전쟁영웅들의 이름이 한 사람 한 사람 기록되어 갑니다. 그들의 공적도 함께 기록되고 있습니다.

'십브개'가 블레셋 장군 '삽'을 쳐 죽입니다. 십브개는 다윗의 30용사 중의 한 사람입니다. 역대기상 27:11을 보면 24,000명을 지휘하는 제 8부대 지휘관입니다.

이어 '야레오르김'의 아들 '엘하난'이 골리앗의 아우 '라흐미'를 쳐 죽입니다. 그 다음으로 다윗의 형 '삼마'의 아들 '요나단'이 기록됩니다. 그는 블레셋의 거장이면서 손가락이 각각 여섯 개, 발가락이 각각 여섯 개가 달린 괴물 같은 장군을 쳐 죽였습니다.

이렇게 다윗의 신복 아비새, 십브개, 엘하난, 요나단 4명의 장수들에 의하여 블레셋의 장대한 자의 소생으로 표현된 거장 4명이 죽었습니다. 이 4명의 신복이 다윗을 도와 이스라엘의 등불이 꺼지지 않게 하고 등불을 지킨 사람들입니다.

이 가운데 특별히 주목할 장군이 아비새였습니다. 아비새는 한평생 다윗 곁에서 그와 함께 하면서 다윗을 지켜낸 충복이었습니다. 사울의 칼날을 피하여 도망할 때도 아비새는 다윗 곁에 있었습니다(삼하 26:8). 다윗이 암몬, 수리아 연합군과 싸울 때에도 직접 앞장서서 전승을 거두었습니다(삼하 10:10-14). 시므이가 다윗을 저주할 때는 그 옆에서 격분을 참지 못했던 열정적인 사람이었습니다(삼하 16:9-11, 19:21). 다윗을 반역한 아들 압살롬을 칠 때도 앞장서서 전두지휘를 한 사람이 아비새였습니다(삼하 18:2, 5, 12). 베냐민 사람 세바가 반역했을 때 다윗은 아비새를 등용하여 그의 충성을 받았습니다(삼하 20:6).

그 아비새가 본문에서도 다윗이 위기를 만났을 때 다윗의 생명을 지켜냈습니다. 그리고 함께한 신복들과 눈물겨운 충정어린 말을 다윗에게 고하는 것입니다.

"왕은 다시 우리와 함께
전장에 나가지 마옵소서.
이스라엘의 등불이
꺼지지 말게 하옵소서."

참으로 눈시울이 젖지 않고는 읽을 수 없는 충언이며 감동하지 않을 수 없는 충정어린 고백의 장면입니다.

이스라엘의 등불로 상징된 다윗! 그 등불을 꺼버리려고 사울은 10년을 다윗을 죽이려고 쫓아다녔습니다. 그러나 하나님께서 아비새 같은 충성된 사람을 곁에 붙여 주셔서 그 등불이 꺼지지 않게 하셨습니다.

다윗이 없는 이스라엘은 생각할 수도 없다는 것이 아비새를 중심으로 한 신복들의 마음자세였습니다. 다윗이 죽으면 이스라엘은 소망도 없고, 그의 죽음 자체가 이스라엘의 어두움이라는 것을 드러낸 고백입니다. 이 사람들의 마음은 결코, 어떤 상황에 이르더라도 이스라엘의 등불을 꺼지게 할 수는 없다는 비장한 각오와 동맹적 서원의 고백을 드리는 것이기도 했습니다.

그 이유가 무엇일까요? 그렇게 각오를 다진 목적이 무엇이었을까요? 자신들의 안일과 부귀영화를 생각해서였을까요?

결코 그것이 아닙니다. 그렇기 때문에 이 본문의 이 한 구절이 오늘 우리에게 많은 것을 생각하게 하는 메시지가 되는 것입니다.

그 이유와 목적, 대답은 아주 간단합니다. 하나님께서 등불을 켜 주셨기 때문입니다. 하나님께서 결단코 다윗, 그 등불을 끄지 않으신 이유를 우리는 사도행전 13:22~23에서 찾을 수 있습니다.

"다윗을 왕으로 세우시고
증언하여 이르시되
내가 이새의 아들 다윗을 만나니
내 마음에 맞는 사람이라
내 뜻을 다 이루리라 하시더니,
하나님이 약속하신 대로
이 사람의 후손에서 이스라엘을 위하여
구주를 세우셨으니 곧 예수라."

아비새를 중심으로 한 백성들은 이것을 잊지 않았습니다. 하나님께서 이스라엘을 위하여 다윗을 왕으로 세우셨습니다. 즉 하나님께서 직접 이스라엘의 등불을 켜셨다는 것입니다. 하나님께서 켜 주신 등불을 꺼지게 할 수 없다는 것입니다.

사랑하는 성도 여러분! 이것이 하나님을 믿는 성도의 진정한 신앙입니다. 그렇기 때문에 그들은 하나님께서 켜 주신 등불을 지켜야할 당연한 사명을 자각하고 수행한 것입니다. 여기서 나오는 것이 애국(愛國)이며, 애족(愛族)이며, 애향(愛鄕)이며, 애교(愛校)입니다.

이것을 질서개념으로 설명하면 더욱 분명해집니다. 위치질서(位置秩序), 역할질서(役割秩序), 관계질서(關係秩序)입니다.

어디에 있어야 할 줄을 알았고, 무엇을 해야 할 줄을 알았으며, 어떤 관계를 가져야 하는가를 알았습니다. 이것이 분별이 안 되면 경거망동을 하고 안하무인이 연출되는 것입니다.

제가 부흥회를 다니면서 경험하는 많은 이야기가 있습니다. 한 교회의 아름다운 이야기를 드리면서 말씀을 마무리하고자 합니다.

목사님이 개척을 하셨습니다. 지금은 출석교인만 수천 명이 넘는 대형교회로 성장했습니다. 그런데도 참 평안하고 행복한 교회입니다. 어쩌면 우리교회보다 더 행복하고 평안하리라는 생각도 했습니다.

2평 남짓한 판자집을 전세로 얻어 출발한 그 교회는 지금 5천명이 넘는 교회로 성장했고 국내외 선교 현황은 한국교회의 귀감이 되고 있는 좋은 교회입니다.

그렇다고 그 교회가 가만히 있는데 그냥 그렇게 성장하고 평안한 교회가 된 것은 결코 아닙니다.

담임목사님의 인격과 신앙도 물론 훌륭합니다. 그러나 담임목사님을 곁에서 섬기며 동행하고 동역하는 당회원들의 신앙과 인격도 담임목사님 못지않게 훌륭했습니다. 그 교회 당회원들이 본문의 다윗의 신복들과 같다는 생각을 했습니다. 그분들의 생각과 마음과 삶은 담임목사님이 그 교회의 등불이라고 생각했습니다. 어떤 경우에도 등불이 꺼지지 않게 해야 한다는 것이 당회원들의 교회 사랑의 신앙자세였습니다.

교회가 평안한 가운데 한참 부흥될 때 담임목사님이 암으로 인해 사역을 쉬지 않으면 안 될 위기를 맞았습니다. 이 때 마치 다윗 곁의 아비새처럼 등불이 꺼지게 해서는 안 된다는 절박한 마음으로 온 당회원들은 마음을 하나로 만들어 교회의 위기를 넘긴 때가 있었습니다.

1년이 넘는 기간 동안 담임목사님은 강단에 서지 못하고 병마와 싸웠습니다. 이때 온 교회는 교회의 등불이 꺼지지 않게 하기 위하여 밤낮을 가리지 않고 기도했습니다. 설교목사님을 청빙하여 강단을 지키게 했습니다.

주위에서 여러 가지 시험과 어려운 문제가 일어났습니다. 그러나 당회원들의 마음은 초지일관 흔들리지 않았습니다. 하나님께서 켜주신 등불, 담임목사님을 반드시 치유하시고 회복시켜 강단에 세우신다는 믿음을 잃지 않았습니다. 온갖 어려움을 이겨나갔습니다. 교인들도 한 마음이 되었습니다.

그리고 마침내 하나님은 담임목사님을 살려주셨습니다. 강단에 세워 주셨습니다. 그리고 그 교회는 오늘까지 잡음하나 없이 행복한 가운데 계속 부흥하고 있습니다.

그 교회 부흥사경회를 인도하면서 저는 참 많이 울었습니다. 고마워서 울었고, 감사해서 울었으며, 살아계신 하나님의 역사를 보면서 감동해서 울었습니다. 한국에 이렇게 귀한 교회의 등불이 꺼지지 않게 하심을 보고 울었습니다.

그렇습니다. 제가 자주 사용하는 말이지만 역사를 거울로 보는 혜안(慧眼)을 열어야 이것이 가능합니다. 어떤 상황에서도 하나님의 섭리를 보는 영안(靈眼)을 열어야 이것이 가능합니다. 어떤 관계에 있을지라도 작은 자를 주님처럼 보는 심안(心眼)을 열어야 이것이 가능합니다.

오늘 세상이 어둡다고 모두들 탄식들을 합니다. 어둡다는 것은 빛이 꺼져간다는 말입니다. 교회가 세상의 빛이라고 했는데, 하나님께서 교회라는 등불을 켜 주셨는데 왜 오늘 세상이 이렇게 어두워지고 있는 것입니까? 등불이 꺼져가고 있기 때문입니다.

사단은 지금도 교회의 등불을 끄려고 발버둥을 칩니다.

그러나 성령님은 그 불이 꺼지지 않도록 하기 위하여 오늘도 기름 부음의 역사를 이루어 가십니다.

우리에게는 사명이 있습니다. 등불이 꺼지지 않게 해야 합니다. 교회가 이 사명을 잊지 말고 잘 감당해야 합니다.

등불이 꺼지는 이유는 기름이 모자라기 때문입니다.

성도의 생활, 오늘의 교회에 성령의 기름이 말라가기 때문에 등불이 꺼지는 것입니다. 기도가 모자라고 말씀이 모자라며 순종에 게으르면 성령의 기름 부으심이 모자라 등불은 꺼집니다. 말씀의 순종으로 등불의 기름을 채워야 합니다.

심지가 다 타면 등불은 꺼집니다.

심지가 다 타면 남는 것이 불똥뿐입니다. 그래서 불은 꺼지고 냄새만 방안을 가득 채웁니다. 등불이 꺼지지 않게 하려면 심지를 갈아야 합니다. 말씀으로 충만하고, 항상 기도에 힘쓰며, 열심히 충성, 봉사, 헌신하여 심지를 새롭게 해야 합니다. 옛날의 뜨거웠던 신앙을 추억만 하며 그대로 있다가는 심지가 다 타버리고 불똥만 남아 냄새만 냅니다. 새로운 삶으로 심지를 갈아야 합니다.

깊은 잠에 빠지면 등불이 꺼져갑니다.

모세는 등잔불을 항상 정리하라고 했습니다. 제사장들은 항상 등잔불을 정리했습니다. 등대의 위치, 불똥 집게와 불똥 그릇, 심지가 너무 많이 나와 그을음이 나지 않는가? 심지가 너무 들어가 불이 꺼지지 않는가? 세심히 살펴야 했습니다. 기름은 제대로 채워져 있는지 살펴야 했습니다. 잠들지 말아야 합니다. 이제는 자다가 깰 때입니다.

불이 꺼지면 어두워집니다. 불이 꺼지면 불똥만 남아 심지 탄 냄새만 가득합니다. 열도 식어집니다. 우리는 성도로서 등불이 꺼지지 않게 해야 합니다. 여러분이 경영하는 기업의 등불도 꺼지지 않게 해야 합니다. 가정의 등불도 꺼지지 않게 해야 합니다. 축복의 등불도 꺼지지 않게 해야 합니다. 무엇보다 교회가 등불이 꺼지지 않게 해야 합니다. 민족의 등불이 꺼지지 않게 해야 합니다. 선교의 등불이 꺼지지 않게 해야 합니다.

에베소서 5:8~9의 말씀으로 저와 여러분들의 등불이 다시 활활 타오르며 빛을 발하여 세상을 밝히기를 예수님의 이름으로 축복합니다. 아멘!

"너희가 전에는 어둠이더니
이제는 주 안에서 빛이라

빛의 자녀들처럼 행하라.

빛의 열매는 모든 착함과

의로움과 진실함에 있느니라." 아멘!

13
내가 주님을 사랑합니다

"여호와여
내가 열방 중에서 주께 감사하며
주의 이름을 찬양하리이다"
〈사무엘하 22:1~51 중〉

사랑하는 성도 여러분, 다음의 고백을 꼭 소리를 내어 하십시오. 여러분의 고백으로 고백하십시오.

"내가 주님을 사랑합니다." (세 번 반복)

이제 다시 한 번 더 목소리를 높여 크게 고백하십시오.

"주님, 내가 주님을 사랑합니다." 아멘.

오늘의 이 고백은 우리 입술의 고백이 아니라 마음의 고백인 줄 믿습니다.

이 고백은 하나님을 향한 믿음이 없는 사람은 할 수 없는 고백입니다. 진정한 믿음은 창세기 1:1을 믿는 믿음입니다.

"태초에 하나님이 천지를 창조하시니라."

이것을 믿으면 성경 전부를 믿습니다. 이것을 믿으면 하나님을 사랑하지 않을 수 없습니다.

이번 본문은 시편 18편과 내용이 거의 같습니다. 시작 부분 1 절이 다를 뿐입니다. 그 본문 사무엘하 22:1절은 이렇게 시작합니다.

"여호와께서 다윗을
모든 원수의 손과 사울의 손에서
구원하신 그 날에
다윗이 이 노래의 말씀으로
여호와께 아뢰어 이르되"

시편 18:1은 이렇게 시작합니다.

"나의 힘이신 여호와여
내가 주를 사랑하나이다."

다윗이 이렇게 고백한 것은 그의 삶이 그렇고 그의 신앙이 그렇기 때문입니다. 입술의 고백이 아니라 삶의 고백이라는 말입니다.

사랑보다 아름다운 것은 없습니다. 사랑하면 모든 것이 좋습니다. 먼저 입 꼬리가 올라갑니다. 미소 짓는 표정입니다. 이상하리만큼 상대방에 대하여 명철하게 됩니다.

의학적으로는 이런 상태를 뇌에서 '페닐 에틸아민'과 '도파민' 분

비가 급증하는 현상이라고 합니다. 이는 기분을 좋게 하는 흥분성 물질이기 때문에 저절로 미소를 짓게 만드는 것입니다.

그래서 사랑을 하면 눈이 먼다고 하는 것입니다. 눈이 먼다는 말이 무슨 뜻입니까? 사물을 실제와는 다르게 보게 된다는 말입니다.

인간은 정신과 마음을 가지고 있습니다. 정신은 우리가 생각하는 것을 통제하고, 논리적인 결정을 하도록 도와줍니다. 그러나 마음은 우리의 느낌을 통제하고, 느낌을 결정하도록 도와줍니다.

그런데 우리의 모든 감정은 마음에 의해 조절됩니다. 마음은 논리나 합리적인 의사결정 보다는 행복감을 느끼기를 원합니다. 그런데 사랑을 하게 되면 정신이 아닌 마음이 결정을 주도하게 됩니다. 마음이 결정을 하게 되면 반드시 결정해야 할 것을 하지 않고 단지 좋다고 느껴지는 것을 택하게 됩니다.

우리는 종종 "내가 왜 그렇게 했지?" "내가 눈이 멀었나?" 라는 반문을 스스로 할 때가 있습니다. 즉 마음의 결정에 따라 행동하고 난 후 정신을 차리고 보면 자기가 결정하고 실행한 것들이 이상하리만큼 바보 같았다는 것입니다. 그래서 사랑을 하면 눈이 먼다는 것입니다.

그 뿐만이 아닙니다. 사랑을 하면 청각이 감퇴된다고 합니다. 즉 사랑을 하면 사랑하는 이의 말만 느낌이 오고 다른 사람의 충고 같은 것은 귀에 들어오지 않는 것입니다. 여기에 이르면 사랑에 빠진 사람은 상대방의 나쁜 점은 전혀 눈에 안 들어오고 귀에도 안 들립니다. 마냥 모든 것이 좋게만 느껴지고 받아들여지는 것입니다.

그처럼 사랑은 좋은 것입니다.

그러나 중요한 것은 그런 때에도 눈과 귀를 체크해 보는 것이 지혜입니다.

사랑하면 모든 것이 좋습니다. 함께 있는데도 그립다는 말을 자꾸 합니다. 만나고 금방 헤어졌는데도 또 보고 싶다는 말을 반복합니다. 눈을 감으면 사랑하는 사람의 얼굴만 눈앞에 가득합니다. 눈을 뜨면 보이는 것이 사랑하는 사람으로 보입니다. 먹어도, 마셔도, 길을 걸어도 그저 좋습니다. 다른 사람을 볼 때도 아주 좋은 사람으로 보입니다. 그래서 유행가 가사도 만들어졌습니다.

"사랑을 하면은 예뻐져요.
아무리 못생긴 아가씨도
사랑을 하면은 예뻐져요."

못난 얼굴이 예뻐져서 예쁘다고 표현한 것이 아님을 우리는 잘 압니다. 못난 얼굴도 기쁨이 있고 행복이 있으면 예쁘게 보인다는 것을 말합니다.

아무리 예쁜 얼굴, 잘생긴 얼굴도 찡그리고 짜증스러운 표정을 지으면 못난 사람이 됩니다. 몇 해 전에 대중적으로 불리던 가요에 사랑을 노래하는 가사 가운데 이런 것이 있었습니다.

"사랑은 아무나 하나. 어느 누가 쉽다고 했나."

그렇습니다. 인간관계의 사랑도 그렇듯이 하나님과의 사랑도 아무나 하는 것이 아닙니다. 쉬운 것 같지만 진정한 하나님과의 사랑은 쉬운 것이 아닙니다.

이번 본문을 보면 아주 놀라운 메시지를 발견합니다. 하나님을 사랑하는 사람도 마찬가지라는 것입니다.

이번 본문은 다윗이 하나님을 사랑하는 마음이 그림처럼 그려져 있습니다. 그 마음을 구체적으로 본문 1절이 정리하고 있습니다.

"여호와께서 다윗을 모든 원수의 손과
사울의 손에서 구원하신 그 날에
다윗이 이 노래의 말씀으로
여호와께 아뢰어"

그리고 마지막 51절까지의 내용은 다윗이 하나님을 얼마나 사랑하는지 거의 눈이 멀고 귀가 멀어버린 상태라는 것을 누가 읽어도 느낄 수 있습니다. 하나님 사랑에 빠진 다윗의 마음을 절절이 느낄 수 있습니다. 다윗이 고백한 본문 구절구절마다에서 다윗이 하나님 사랑에 빠진 것을 느낄 수 있다는 말입니다. 딱 한 마디로 함축하면 "나에게는 오직 하나님 밖에 없습니다."라는 말입니다.

동일한 내용의 시편 18:1의 말씀처럼 이 본문의 전부를 함축하면 "내가 주님을 사랑합니다."로 표현할 수 있습니다.

이런 다윗이었으니 사도행전 13장에서 하나님께서 "내 마음에 합한 사람"이라고 말씀을 하셨구나 하는 생각을 하게 됩니다.

그렇습니다. 하나님을 사랑하는 사람인지 아닌지는 그 사람의 상태를 통해 금방 알 수 있고 느낄 수 있습니다. 사랑에 빠진 사람들의 상태를 보십시다.

첫째, 사랑하면 사랑하는 사람에 대하여 불평이 없습니다.

하나님을 사랑하면 교회 생활을 하면서 불평이 없습니다. 그냥 좋습니다. 원망이 없습니다. 찬양을 해도 좋고, 기도를 해도 좋습니다. 설교를 들어도 좋고, 봉사를 해도 마냥 좋습니다. 하나님에 대하여 귀가 멀고 눈이 멀어버린 것입니다.

사랑을 하면 사랑하는 이의 모든 것이 좋아 보이고 좋게 느껴집니다. 그것은 하나님과의 관계에서도 똑 같습니다. 지금 안 된다고 원망이나 불평이 없습니다. 안 되는 것도 합력해서 선을 이룰 것이라고 믿어버립니다. 지금 잘되면 잘 되는대로 그저 "감사합니다." "모든 것이 하나님의 은혜입니다."라는 마음으로 생활합니다.

사랑하면 모든 일상의 기준이 사랑하는 이에게 맞추어지는 것처럼 하나님을 사랑하면 모든 신앙생활의 기준이 하나님께 맞추어지는 것입니다.

둘째, 사랑하면 사랑하는 사람을 빨리 보고 싶어집니다.

하나님을 사랑하는 사람 또한 예배 시간이 그립고 주일이 기다려집니다. 우리교회 3부 예배는 11시 30분에 시작됩니다. 2부 예배를 마치는 시간이 되는 10시면 벌써 10여 명의 은퇴 하신 권사님, 집사님들이 예배당에 들어오십니다. 2부를 마치고 내려가는 저는 종종 할머니 곁으로 다가가서 인사를 합니다. 그러면 좋아서 어쩔 줄을 몰라 하십니다. 한 분 한 분 손을 잡고 볼을 비비고 안아드립니다.

제 품에 안긴 할머니가 조금 늦게 들어오시는 할머니를 보고 자랑스럽게 말씀하십니다.

"빨리 와서 목사님 손 잡아봐라. 나는 안겼다."

어린 아기가 따로 없습니다. 그 모습에서 바로 천국에서 생활하는 모습을 앞당겨 볼 수 있고 느낄 수 있습니다. 자식 같은 목사 손잡은 것을 두고 주님 손이라도 잡은 듯 생각하시는 어르신들의 마음이 무엇이겠습니까? 하나님을 사랑하는 마음이 그렇게 표현되는 것입니다.

사랑하면 사랑하는 사람이 빨리 보고 싶습니다. 곁에 가까이 있고 싶습니다. 그런 것처럼 예배 시간에도 빨리 오고 자꾸만 앞자리에 가서 앉고 싶어집니다.

셋째, 사랑하면 사랑하는 사람과 자꾸 이야기하고 싶어집니다.

하나님을 사랑하는 사람은 하나님과 자꾸 이야기를 하고 싶어 합니다. 그래서 다윗은 7절에서 감격적인 고백을 했습니다.

"내가 환난 중에서 여호와께 아뢰며
나의 하나님께 아뢰었더니
그가 그의 성전에서 내 소리를 들으심이여
나의 부르짖음이 그의 귀에 들렸도다."

이와 같은 기도의 맛을 알아야 기도하는 사람이 되는 것입니다. 그래서 새벽기도를 빠지지 않습니다. 금요기도회를 빠질 수 없습니다. 개인 기도실에서 하나님과 이야기를 합니다. 그렇게 기도하는 것이 마냥 좋아서 그렇게 하는 것입니다.

그러나 하나님을 사랑하지 않는 사람에게 기도하라고 하면 그것이 고역입니다. 괴로움입니다. 짜증이 나는 것입니다.

넷째, 사랑하면 사랑하는 사람에게 무엇인가 자꾸 주고 싶어집니다.

하나님께도 무엇인가 자꾸 드리고 싶어집니다. 드리고 또 드려도 더 드리고 싶은 마음입니다. 그래서 주일에도, 주중에도, 시간을 드리고 몸을 드리고 마음을 드리면서 헌신하는 것입니다.

그런데 하나님을 사랑하지 않는 사람에게 씨앗 헌금 이야기를 하고, 비전헌금 이야기를 하며, 사랑의 주일 헌금 이야기를 하면 신경질이 나고 짜증이 납니다. 급기야 목사를 향해 삯꾼목자라고 합니다. 그러다가 교회마저 나오지 않게 됩니다.

다섯째, 사랑하면 사랑하는 사람이 좋아하는 것이 무엇인지 알고 싶어지고 그 좋아하는 것을 하고 싶어 합니다.

하나님을 사랑하는 사람은 하나님께서 좋아하시는 것이 무엇인지 알고 싶어집니다. 하나님께서 좋아하시는 것을 하고 싶어 합니다. 하나님을 닮고 싶어 노력을 합니다. 그래서 구제하고 봉사하며 선교를 하는 것입니다.

여섯째, 사랑하면 사랑하는 사람을 닮고 싶어 합니다.

하나님을 사랑하는 사람은 하나님을 닮으려고 합니다. 그것이 '거룩'입니다. 성결입니다. 사랑입니다. 그것이 함께 하고자 하는 사랑의 본능입니다. 이것이 '동조현상'이라고 하는 것입니다. 사랑에 빠졌을 때 상대방을 닮고자 하는 현상입니다.

일곱째, 사랑하면 사랑하는 사람과 하나가 되고 싶어 합니다.

하나님을 사랑하는 사람은 하나님과 하나가 되고 싶어 합니다. 그래서 요한복음 15장에서 예수님은 "너희가 내 안에, 내가 너희 안에"를 그렇게도 간절하게 권고하셨던 것입니다.

사랑하는 사람끼리 커플링 반지를 왜 합니까? 신혼부부들이 왜 커플룩으로 옷을 똑같이 맞춰 입습니까? 이것은 하나 되고 싶은 사랑의 동조현상이라는 것입니다.

여덟째, 사랑하면 사랑하는 사람에게 잘 보이려고 애씁니다.

하나님을 사랑하는 사람은 하나님에게 잘 보이려고 많은 노력을 합니다. 말이 달라집니다. 행동이 달라집니다. 선하고 착한 일을 합니다. 부지런해집니다. 좋은 일을 자꾸 합니다. 그것은 사랑하는 사람에게 잘 보이고 상대방의 마음에 자리하고 싶어 하는 본능에서 오는 것입니다.

그래서 하나님을 사랑하는 사람에게서 나타나는 지극히 자연스러운 현상이 있습니다. 성경을 읽습니다. 필사(筆寫)를 합니다. 말씀을 묵상합니다. 설교 테잎을 듣고 또 듣습니다.

그러나 하나님을 사랑하지 않는 사람에게 예배 출석 이야기를 하고, 헌금 이야기, 봉사 이야기, 전도이야기를 자꾸 하면 짜증을 냅니다. 불평을 합니다. 그러다가 교회마저 나오지 않아버립니다.

왜 그럴까요?

"싫은데 왜 자꾸 하라고 하느냐"는 것입니다. 사랑하는 마음이 없으면 사사건건 불평거리만 생깁니다.

광주에 집회를 갔을 때 고맙고 놀라운 고백을 들은 때가 있었습니다.

"나는 서임중 목사님을 사랑합니다. 무지무지 사랑합니다."라는 고백이었습니다. 그것도 은퇴를 얼마 남기지 않으신 선배 목사님께서 그렇게 말씀 하셔서 참으로 황송한 마음이었습니다. 이어서 하시는 목사님의 말씀이 "나는 서 목사님이 보고 싶어서 매주 금요일 오후 4시 30분만 기다리는 사람입니다."라는 것이었습니다. 그러시면서 저를 만난 것을 얼마나 반가워하시고 또 좋아하시는지 그야말로 어쩔 줄을 몰라 하셔서 참으로 황송했습니다.

선배 목사님께서 기다리신다는 그 시간은 CTS 기독교 TV에서 제 설교가 방영되는 시간입니다.

그 말씀을 듣는 순간 저는 눈물이 핑 돌았습니다. 많은 장로님, 권사님, 집사님들에게서 수 없이 들었던 금요일 오후 4시 30분 설교 이야기였지만 선배 목사님을 통해 그 말씀을 들으니 또 다른 만감이 교차했습니다. 그런데 그 다음 말씀이 더욱 제 가슴을 때렸습니다.

"나도 서목사님처럼 설교 한 번 하고 은퇴했으면 좋으련만… 돌아보니 목회도 마무리할 때가 되었고 지난 세월을 돌이킬 수도 없어요."

못난 후배를 붙잡고 그리도 좋아하시던 그 목사님을 잊을 수가 없습니다. 선배 목사님의 그 마음이 사랑하는 이를 느끼는 동조현상입니다.

우리교회 성도님들의 하나님 사랑도 그렇습니다. 이 큰 교회 곳곳에서 하나님을 사랑하는 성도들의 아름다운 헌신이 이루어지는 것은 하나님을 사랑하는 사람들의 자연스러운 현상입니다. 돈을 주고 하라고 하면 할 사람이 하나도 없을 것입니다. 그러나 하나님을 사랑하기 때문에 마냥 그 섬김이 즐거운 것입니다. 피곤한 줄도 모르는 것입니다. 일하면서 마냥 행복한 것입니다.

다윗의 마음이 그랬습니다. 그의 삶이 그랬습니다. 본문의 내용이 그렇게 기록되어 있습니다. 마치 한편의 시가, 신앙과 삶의 고백을 그림으로 그려 놓은 듯합니다.

요즘 사람들은 모두 영어를 잘합니다. 여러분은 영어를 못하십니까? 영어를 못해도 전혀 상관이 없습니다. 한국 사람은 한국말을 잘하면 최곱니다. 영어를 모르면 통역하는 사람을 곁에 두면 됩니다. 그것도 현실적으로 어려우면 요즘은 통역기가 기가 막히게 잘 나와서 한국말만 하면 곧 바로 통역이 됩니다. 그 기계를 어플리케이션(application)이라고 합니다. 너무도 편리한 세상이 되었습니다.

그래도 오늘 여러분에게 꼭 한 마디 영어는 하는 것이 좋다고 말씀을 드리고 싶습니다. “I love you.” 최고의 언어입니다. 이것 어려우면 간단하게 합시다. “사랑합니다.” 아멘.

다윗의 마음으로 다시 한 번 음성으로 고백 합시다.

“하나님, 사랑합니다. 내가 주님을 사랑합니다.” 아멘!

이것이 일평생 저와 여러분의 고백이요 노래가 되시기를 예수님의 이름으로 축복합니다. 아멘!

14
다윗의 명함(名銜)

"여호와여
내가 열방 중에서 주께 감사하며
주의 이름을 찬양하리이다"
〈사무엘하 22:1~51 중〉

누구나 명함 한 장쯤은 갖고 다니는 시대가 되었습니다. 어른들만 명함을 갖고 있는 것이 아닙니다. 요즘은 대학생들과 고등학생들 중에도 명함을 가지고 다니는 경우가 있습니다.

시골 교회 목사님이 들려주신 이야긴데 '요즘은 시골에서도 논을 매다가 커피를 주문하면 논두렁까지 커피가 배달되어오는 세상'이랍니다. 배달을 온 다방 여직원은 커피와 함께 명함까지 준답니다. 그 명함을 보면 〈별 다방. 미쓰 별〉이라는 표기와 함께 전화번호가 적혀 있답니다.

명함 때문에 저는 실례를 하는 경우가 참 많습니다. 외국에 나갈 때거나 국내에서 사람들을 만날 때거나 늘 명함을 가지고 다녀야 하는데도 거의 잊고 안 갖고 다닐 때가 많습니다. 그러다가 상대방이 명함을 내밀면 난처해 질 때가 한 두 번이 아닙니다.

"명함이 없어서 참 미안합니다. 죄송합니다." 라고 말씀을 드리면 거의 대부분이 "아이구, 목사님 존함이야 다 알고 있는데요 뭐."하면서 오히려 저를 무안하지 않도록 배려를 해 주시는 분들이 참 많습니다. 그럴 때는 더더욱 미안해집니다.

국내에서야 그렇다하더라도 외국에 나갈 때조차 명함을 가지고 가지 않는다면 그것은 실례가 됩니다. 왜냐하면 명함을 주고받는 것은 상호 예(禮)를 갖추어 자기를 소개하는 것이기 때문에 받기만 하고 주지 않으면 상당한 실례가 되기 때문입니다.

명함(名銜)이 무엇입니까?

명함의 사전적인 의미는 "이름, 직업, 연락처 등을 적은 조그마한 종이"입니다. 영어로는 개인 명함을 'a calling card' 라고 하고, 사업상의 명함을 'a business card' 라고 합니다.

일반적으로는 이 카드에 이름과 간단한 연락처만 적는데 우리나라의 경우에는 본인이 어떤 일을 하고 있는지, 또는 자격, 학위 등도 표현하는 경우가 일반적입니다. 다시 말씀 드리자면 명함(名銜 · 名啣)이란 이름, 주소, 전화번호, 회사명, 직책 등을 기입하여 자신을 소개 하는 간단한 자기소개 카드라는 것입니다.

그런 명함에 자기를 소개하는 내용이 다양하게 기록되어 있는 것을 봅니다. 앞면에는 대부분 주소, 전화번호, E-Mail 정도입니다. 그런데 뒷면을 보면 그야말로 내용이 각양각색입니다. 제가 받은 명함을 몇 개 소개하겠습니다.

"금식기도 4회 유경험... 기도는 만사형통이다."

그 분의 목회는 23년째라고 합니다. 그런데 아직도 지하 예배당에서 27명의 교인으로 목회를 하고 계셨습니다.

"00교회를 섬기는 장로입니다. 벌꿀이 필요한 분에게 속이지 않는 진짜 벌꿀을 저렴한 가격으로 드립니다. 택배가능."

'속이지 않는 진짜 벌꿀'이라는 용어가 마음을 불편하게 했습니다.

"000이사장" 이 다섯 개, "00회장"이 3개, "00위원장"이 6개"

이렇게 적힌 명함도 받은 일이 있습니다. 그런데 그 분이 섬기는 교회와 목사는 그 분 때문에 아직도 평안하지 못한 것을 보고 있습니다.

성경에도 명함 이야기가 있습니다. 누가복음 18장을 보면 두 사람의 명함이 소개되고 있습니다. 첫 번째 사람은 바리새인의 명함인데 누가복음 18:11~12이 이렇게 소개합니다.

"바리새인은
서서 따로 기도하여 이르되
하나님이여 나는 다른 사람들
곧 토색, 불의, 간음을 하는 자들과 같지 아니하고
이 세리와도 같지 아니함을 감사하나이다.
나는 이레에 두 번씩 금식하고
또 소득의 십일조를 드리나이다."

또 한 사람은 세리의 명함입니다. 누가복음 18:13입니다.

"세리는 멀리 서서 감히 눈을 들어
하늘을 쳐다보지도 못하고
다만 가슴을 치며 이르되
하나님이여 불쌍히 여기소서
나는 죄인이로소이다 하였느니라."

예수님이 이 두 사람의 명함을 보시고 뭐라고 하셨는지 아십니까? 우리말로 표현하면 바리새인을 향해서는 '싹수가 노란 자'고 하셨습니다. 그리고 세리에게는 '괜찮은 사람'이라고 하셨습니다. 누가복음 18:14을 통해 주님은 세리의 명함이 훨씬 좋다고 축복을 하셨습니다.

이번 본문은 이 세상에서 가장 아름다운 명함을 소개하고 있습니다. 그 명함 1절입니다.

"이는 다윗의 마지막 말이라
이새의 아들 다윗이 말함이여
높이 세워진 자,
야곱의 하나님께로부터 기름 부음 받은 자,
이스라엘의 노래 잘하는 자가
말하노라."

이 말씀은 다윗이 세상을 떠나기 전에 남기는 마지막 유언으로 솔로몬에게 하는 말입니다. 그런데 그 말 한 마디 한 마디가 가슴이 찡하고 눈물이 핑 도는 다윗 자신의 자기소개의 내용입니다.

이것이 다윗 그의 명함이라는 생각이 들었습니다. 그런데 가만히 묵상하면 이 명함만큼 매력적인 명함이 또 있을까 싶습니다. 또한 이 명함을 받는 상대방이 이것 외에 그를 존중하고 높일만한 다른 명함이 있을까 하는 생각을 해 봅니다.

제가 이렇게 감동하는 명함, 다윗이 자기 스스로를 소개하는 명함의 내용을 보겠습니다.

1. '이새의 아들'이라고 소개를 했습니다.

인생여정에서 역경도, 좌절도, 영광도, 감동도, 그 모든 삶의 질곡과 자유를 다 경험한 다윗이 마지막으로 남기는 말입니다. 얼마나 할 말이 많겠습니까. 그 많고 많은 말 중에 그가 남기는 마지막 말로 먼저 자기를 소개합니다. 그런데 그 내용이 참으로 가슴을 찡하게 하는 내용입니다. 그 첫 번째 말이 자기는 '이새의 아들'이라고 합니다.

이새가 누구입니까? 성경에서 '이새'를 지칭할 때 어떻게 표현 되고 있는지 아십니까?

이 표현은 다윗을 미워하던 사울 왕이 그를 비꼬아 말할 때 '이새의 아들'이라고 불렀습니다(사무엘상 20:30). 그리고 세바가 다윗을 대항하여 난을 일으켰을 때 다윗을 폄훼하여 불렀던 이름이 '이새의 아들' 이었습니다(사무엘하 20:1).

그러므로 다윗에게 있어서는 '이새의 아들' 이라는 칭호는 '이스라엘의 왕' 이라는 칭호와는 극명하게 대비되는 호칭으로써 그리 명예로운 것이 아닙니다. 그럼에도 불구하고 다윗은 자신의 인생을 마감하는 마지막 말을 남기는 이즈음에 왜 구태여 자기 자신을 '이새의 아들' 이라고 말하고 있는 것일까요?

이것은 다윗의 겸손한 마음입니다. 자신을 하나님 앞에서 철저하게 낮추는 마음, 오직 하나님의 영광과 거룩함만이 드러나기를 원하는 마음, 그 마음이 자신의 일생을 한 마디로 함축한 표현, 그 겸손이 자신을 이렇게 표현하게 한 것입니다. 바로 이것이 하나님의 마음에 합한 자로 칭함을 받은 다윗의 신앙과 인격과 삶입니다.

대부분의 사람들은 어떻게 해서든지 자신의 돋보이는 부분을 드러내어 상대방에게 자기를 소개합니다. 그것은 목사라도 예외는 아닙니다. 누구를 무론하고 자기를 높이고자 하는 본성이 사람들 속에 다 있기 때문에 인간관계에서 자신을 그럴 듯하게 보이고자 합니다. 그런 본능이 누구에게나 있습니다.

그러나 다윗은 아니었습니다. 하나님 앞에서 자기는 아무것도 아니었습니다. 자기가 왕이 된 것도 오직 하나님의 은혜였습니다. 자신의 모습으로서는 감히 왕이 된다는 것은 상상도 할 수 없었던 일이었습니다. 그 사실을 다윗은 인생 마지막 부분에서도 확실하게 고백을 하고 있는 것입니다.

대전신학대학교 전교생 수련회가 있었습니다. 그곳에서 초청이 있어 강사로 다녀 온 후 정원범 교수님이 편지와 함께 두 권의 저서를 보내왔습니다.

편지의 내용은 하나의 질문이었습니다. 자신도 목사이고 교수지만 대부분의 목사님들이 자기의 약점이나 허물을 드러내는 것을 싫어하는데 어떻게 저는 자신의 약점과 허물을 드러내느냐는 것입니다.

저는 한 줄의 대답을 보내드렸습니다.

"인생은 지우개가 없습니다."

내가 살아온 세월을 감춘다고 그것이 감추어지는 것이 아닙니다. 나 자신의 오늘은 오직 하나님의 은혜이며 내가 할 수 있는 것은 아무것도 없다는 생각과 고백이 자신을 낮추는 근본이 되게 해야 합니다.

사람들 앞에서 자기를 낮춘다고 낮아지는 것은 아닙니다. 그렇게 한다고 해서 정말 낮은 사람, 못난 사람이 되는 것이 아닙니다.

하나님 앞에서 자기를 높여서 높아진 사람은 역사에 없습니다. 하나님 앞에서 자신을 낮추면 낮출수록 하나님은 더욱 높여 주십니다.

베드로전서 5:6입니다.

"그러므로 하나님의 능하신 손아래에서
겸손하라
때가 되면 너희를 높이시리라."

2. '높이 세워진 자' 라고 했습니다.

'높이 세워진 자' 의 원문은 '게베르 쿰 알(הגבר הקן על[gheh'–ber koom al])' 인데 '지극히 높으신 분에 의하여 높여진 남자' 라는 뜻입니다. 즉 "높이 세워진 자" 라는 말은 누군가 나를 높여 세워주셨다는 것입니다.

물론 다윗에게 있어서 높이 세워 주신 분이 하나님입니다. 다윗은 그것을 너무도 잘 알았기에 인생 마무리 단계에서 또 다시 그것을 고백한 것입니다.

이것은 위대한 선언입니다. 내가 잘 나서 이스라엘의 왕이 된 것이 아니라 전적으로 하나님께서 나를 높여 왕으로 세우셨다는 것입니다.

누구나 이것은 마찬가지입니다. 다른 것이 있다면 그것을 깨닫느냐 못 깨닫느냐의 차이뿐입니다. 이것이 그 사람의 됨됨이를 나타내는 차이입니다.

2008년 11월 4일! 미국 제 44대 대통령으로 '버락 오바마' 가 당선되었습니다. 에이브라함이 노예해방을 선언한지 146년 만에, 마르틴 루터 킹 목사가 인권운동을 선포한지 45년 만에 세계 1등 국가 미국에서 흑인 대통령이 탄생했습니다.

'버락 오바마' 가 누구입니까?

어머니는 평범한 백인 여성 '던햄' 이었습니다. 케냐 유학생이었던 흑인 청년과 만나 온갖 비난과 눈총을 받으며 결혼을 합니다. 그리고 버락 오바마를 낳았습니다. 얼마 후 주변 환경과 여건 때문에 두 사람은 끝내 이혼을 합니다. 그리고 던햄은 인도네시아에서 온 유학생과 재혼을 하면서 오마마는 거기까지 가서 학교를 다녀야 했습니다. 그러나 다시 던햄은 인도네시아 청년과도 이혼을 합니다. 그래서 오바마는 1971년에 외가(外家)인 호놀룰루로 돌아와 그곳에서 고등학교를 졸업합니다.

아버지가 교통사고로 죽고, 어머니가 암으로 죽은 후 오바마는 십대시절에는 알코올, 마리화나, 코카인을 복용하며 감당키 어려운 아픈 시절을 보냅니다.

그러면서도 오바마는 자기와의 싸움을 이겨내기 위하여 신앙으로 일상을 다듬으며 뉴욕 콜롬비아 대학교, 하버드 법학대학원에서 공부를 합니다. 학교를 졸업하자 본격적인 정치활동에 들어서면서 미국상원의원을 거쳐 44대 미국 대통령으로 당선이 됩니다.

오바마가 새들백 교회에서 예배를 드리고 나오면서 "Jesus died for me!(예수님을 나를 위해 돌아가셨습니다)"라며 목이 메는 듯한 음성으로 고백한 이야기는 모든 사람들을 감동케 했습니다. 그것이 오바마의 신앙이며 삶이라는 이야기입니다. 하나님께서 자신을 높여 주셨다는 것을 오바마는 잊지 않고 일상을 통해 고백했습니다.

오바마 미국 대통령만 그렇겠습니까? 오늘 저와 여러분도 마찬가지입니다. 하나님께서 우리를 높여 주셨습니다. 하나님께서 우리를 세워 주셨습니다. 이것을 깨닫고 이것을 고백할 수 있는 것보다 위대한 자기소개는 없습니다.

그럼에도 불구하고 대부분의 사람들은 하나님께서 높이고 세워 주신 것을 잊어버립니다. 그리고 경거망동합니다. 그러다가 아무 것도 없는 빈들에 서는 인생을 마무리 하게 되는 것을 심심찮게 볼 수 있습니다.

3. "야곱의 하나님으로부터 기름부음 받은 자"라고 했습니다.

성경에서 '기름부음(注油:Anointing)'은 일상으로부터 성별(聖別)하는 일입니다. 곧 제사장, 왕, 선지자의 임직에 있어서 머리에 기름을 부었습니다. 기름부음의 은총은 더 없는 축복입니다. 하나님께서 성별하여 따로 세우신다는 것입니다.

다윗은 이것을 잊지 않았습니다. 지금쯤 들판에서 양이나 치는 목자로 늙어 죽음을 맞이할 자신을 하나님께서 성별하여 이스라엘의 왕이 되게 하셨고, 그 거룩한 부르심의 사명을 마치고 이제 이렇게 영광되이 죽음을 맞게 된 것을 고백한 것입니다.

하나님을 '야곱의 하나님'이라고 칭한 것에도 이유가 있습니다. '야곱'을 '이스라엘'로 변화 시키신 하나님의 능력, 그 크신 능력을 드러내고자 한 다윗의 신앙적인 표현입니다. 속이는 사기꾼으로서 별 볼 일 없던 야곱을 구속사의 주역인 이스라엘로 변화시킨 하나님의 크신 능력이, 일개 목동이었던 자신을 이스라엘의 왕으로 세우셨음을 고백하는 다윗의 감사하는 신앙 고백입니다.

여기서 다윗의 생애를 좀 더 깊이 들여다 볼 수 있습니다. 동시에 우리의 신앙과 삶을 조명할 수 있습니다. 기름부음을 받은 자는 다르게 사는 방법을 알아야 합니다. 그리고 또 그렇게 살아야 할 당위성과 함께 거룩한 사명이 주어진다는 것을 깨달아야 합니다.

항존직분자로 구별되어 기름부음의 은총을 베푸신 하나님 앞에서의 감동이 있는지, 그 거룩한 사명자로서 살아가는 방법이 일반인과 같지는 않는지 돌아보아야 합니다. 항존 직분자로 구별되어진 사람은 보통의 삶을 살아서는 안 된다는 것을 새삼 깨닫고 자세를 바로 해야 되는 것입니다.

성별된 은총을 잊어버리면 버림을 받습니다. 그 대표가 사울 왕입니다. 여러분도 사울처럼 오늘의 기름부음을 받은 자들이 비참하고 슬픈 인생을 마무리하는 아픈 이야기를 종종 들으실 것입니다.

우리는 기름부음의 은총을 잊어서는 안 됩니다. 일평생 그 은총을 감사함으로 응답하며 사명자로서의 거룩한 삶을 부단히 걸어야 합니다.

4. "이스라엘의 노래 잘하는 자"라고 했습니다.

이 소개가 참 감동입니다. 그리고 다윗의 생애를 살펴보면 딱 맞는 표현입니다. 다윗은 작사 작곡뿐만 아니라 연주에도 능한 사람이었습니다. 그리고 그의 노래는 신비로운 힘이 있었습니다. 그래서 다윗이 악기를 타고 노래를 부르면 사울에게 붙어 있던 악신이 물러갔습니다.

여기서도 다윗은 자신을 이스라엘의 왕이라고 하지 않고 '이스라엘의 노래 잘하는 자'라고 소개를 했습니다. 그것은 자신의 노래는 자신을 위한 것이 아니라 오직 하나님을 찬양하며 하나님을 기쁘시게 하는 노래였음을 드러내는 고백입니다.

실제로 사무엘하 6장에서는 하나님의 법궤가 다윗 성으로 돌아올 때 얼마나 좋았던지 힘을 다하여 춤을 추고 노래를 불렀던 것을 우리는 이미 보았습니다.

왕이 체통 없이 그런 경망한 행동을 했다고 아내 미갈이 쏘아붙이자 다윗은 말했습니다.

"내가 여호와 앞에서 뛰놀리라.
내가 이보다 더 낮아져서
스스로 천하게 보일지라도"

얼마나 감동 있는 고백입니까. 하나님만 좋으시다면 나는 얼마든지 망가져도 좋다는 고백입니다. 이것이 다윗의 일평생의 삶이었습니다. 그리고 이제 죽음을 앞둔 마지막 유언을 하면서도 이 사실을 숨김없이 고백하고 있습니다.

그러나 동일한 기름 부음을 받은 사람이었지만 사울은 달랐습니다. 사무엘상 15장에 나타난 사울의 모습을 회고하겠습니다.

아말렉을 치고 난 후 하나님께서 말씀을 지키지 않은 사울을 버리신다고 사무엘 선지자를 통해 선포를 하셨습니다. 그 때 사울은 끝까지 자신의 잘못을 인정하지 않았습니다. 그리고 자신의 실책이 백성들 때문이라고 변명합니다. 그러면서 자기를 높여 달라고 애걸했습니다. 사무엘상 15 :30을 다시 보겠습니다.

"사울이 이르되
내가 범죄하였을지라도
이제 청하옵나니
내 백성의 장로들 앞과
이스라엘 앞에서 나를 높이사
나와 함께 돌아가서
내가 당신의 하나님 여호와께
경배하게 하소서 하더라."

이래서 근본이 안 된 사람은 절대로 안 된다는 말이 나오는 것입니다. 그것은 오늘도 마찬가지입니다. 하나님을 높이려 하지 않고 자기를 높이려는 사람이 어디 한 둘입니까? 그러다가 인생 말년에 빈들에 홀로 서 있는 자신의 모습을 볼 때는 이미 늦은 것입니다.

그런데 오늘 다윗은 일평생 하나님의 은혜로 이스라엘의 왕으로 사역을 마치면서 자기의 신분에 대하여 고백하는 '나의 존재' 4가지는 오늘을 살아가는 우리로 하여금 참으로 많은 것을 생각하게 하는 것입니다.

철저하게 자기는 없고 하나님만 높이는 다윗의 마음, 백발이 성성

한 이 노왕의 고백 앞에 우리가 어찌 숙연하지 않을 수 있단 말입니까.

그래서 하나님은 다윗을 당신의 마음에 합한 사람이라고 높이셨다는 것을 또 한 번 우리는 알 수 있습니다.

여러분의 명함의 내용은 어떤 것입니까?

다윗의 명함을 생각하면서 작은 종이에 자기를 어떻게 소개할 지 생각해 보십시오. 자신을 드러내는 것이 아니라 자신의 삶을 통하여 나의 나됨을 소개하는 것이 진정한 명함의 가치일 것입니다.

우리 모두 참으로 아름답고 고운 명함 한 장씩 갖기를 예수님의 이름으로 축복합니다. 아멘!

15
용장(勇壯)밑에 약졸(弱卒)없다

"이는 목숨을 걸고 갔던 사람들의
피가 아니니이까 하고
마시기를 즐겨하지 아니하니라"
〈사무엘하 23:8~39 중〉

우리교회 부목사님들이 전국 각처로 담임목사로 부임하는 것을 보고 많은 분들이 저를 격려하며 축복하는 말이 있습니다.

"포항중앙교회에서 목회 훈련을 받은 부목사님들은 어떤 경우에도 목회를 참 잘 한다는 소문이 나서 교회들의 담임목사 청빙 대상에 포항중앙교회 부목사님들은 청빙 순위 0 순위라고 합니다."

물론 잘 세워진 부목사님들을 보내고 한편으로 허전할까봐 저를 위로하고 격려하시는 말씀이겠지만 듣기에 나쁘지는 않습니다. 실제로 우리교회 부목사님들이 전국 각처의 좋은 교회 담임목사로 청빙을 받아 가시는 것을 보면 흐뭇합니다. 마치 아비가 훌륭하게 성장한 자식을 바라보는 것처럼 제 마음은 너무 행복하고 감사합니다. 이 모든 것이 모두 여러분의 아름다운 동행과 동역의 결과라고 생각합니다.

새벽기도회를 빠지지 않는 장로님이 계십니다. 그 장로님이 종종 하시는 말씀이 '우리교회 새벽기도회 설교를 하시는 부목사님들의 설교가 너무 좋습니다.' 참 감사한 말씀입니다. 그리고 꼭 이어 하시는 뒷말에 "용장 밑에 약졸 없다는 말이 우리교회 담임목사님과 부목사님들을 두고 한 말 같습니다."라는 것입니다.

부목사님들이 모두 잘 해 주시니까 제가 높임을 받는 것 같아서 몸 둘 바를 모르겠습니다. 그러나 그렇게 표현되는 우리의 관계가 더 많은 교회들에게 귀감이 되고 있기에 부목사님들이 사랑스럽고 고맙고 대견스럽다는 생각을 늘 합니다.

실제로 우리교회 부목사님들이 담임목회를 나가신 교회에서 들려오는 이야기를 들어보면 '목회자로서 모든 면면을 갖춘 목사님이 오셔서 온 당회원들과 교인들이 행복해 한다'는 것입니다. 그럴 때는 하나님 앞에서 정말 행복합니다. 감사합니다.

시중의 서점에 주목할 만한 책 한권이 있어서 소개합니다. 『용장 밑에 약졸 없다』는 책입니다.

이 책은 '니시무라 가쓰미' 교수가 쓴 책인데 골치 아픈 직원들을 45 가지 유형으로 세분화하고 그들 각각에 대한 지도방법과 대응방법을 알려주는 종합 지침서 같은 책입니다.

이 책을 추천하는 이유는 별 쓸모없어 보이는 부하직원을 최고의 사람으로 만들어내는 '사람을 세우는 방법'이 적혀 있기 때문입니다. 그가 제시하는 것은 방법론적으로 최적의 지침서라 해도 과언이 아닙니다.

우리나라는 총선이 끝나자 곧 바로 대선체제로 바뀌었습니다. 너나없이 대통령이 되겠다고 준비하는 사람들의 이야기가 매일 언론의 단골 메뉴가 되었습니다.

이즈음에 정말 중요한 것은 우리 국민의 간절한 소망이 이루어지는 것입니다. 우리 국민은 '진정한 지도자'를 기다리고 있습니다.

그런데 중요한 것은 기다리는 것으로 끝나서는 우리 모두가 낭패를 당한다는 것입니다. 그러므로 이제 우리는 진정한 지도자를 두 눈 똑바로 뜨고 찾아내야 합니다. 그리고 참으로 '이 사람이다' 싶은 사람을 국가 지도자로 모셔야 합니다. 그런 절체절명의 시대적 사명이 우리 국민 모두에게 있습니다.

우리는 국회의원 총선을 치렀습니다. 그 결과에 모두가 아파하고 탄식을 했습니다. 지도를 펴 놓고 보면 동쪽은 빨갛고 서쪽은 노랗게 물들어버린 것이 총선의 결과였습니다. 어떤 면에서는 그 어느 때보다 지역갈등이 더욱 심화된 모습이었습니다. 지역을 대표하는 지도자다운 지도자를 세운 것이 아니라 정치 바람에 휩쓸린 듯한 결과였습니다.

멀리 다른 지역까지 가서 볼 것도 없습니다. 포항에서만도 남구에서는 선거 후유증을 고스란히 지역민이 겪고 있습니다. 공천을 한 정당의 실세들이나, 인물이 아니라 지역이라는 색깔론에 채색되어 무의식적으로 한 표를 행사했던 지역민들이 겪어야 하는 선거 후유증은 생각보다 심각한 것임을 우리는 지금 경험하고 있습니다.

그즈음에 여수에서 영호남 성시화 한마음 대회가 있었습니다. 2천여 명의 영호남의 교계지도자들이 모여 영호남의 한마음 운동을 성시화 차원에서 새롭게 다짐하는 대회였습니다. 영남대회장으로 그 자리에서 대회사를 하면서 가슴이 벅차고 목이 메었습니다. 이렇게 몸부림을 치면서 지역 갈등을 해소하기 위해 교회는 영호남 한마음대회를 하지만, 막상 선거 때만 되면 모두가 이상한 회오리바람에 휩쓸리고 맙니다. 그래서 지역 갈등 문제는 아직도 해결이 요원하다는 생각이 마음을 무겁게 했습니다.

은퇴하신 원로목사님도 격려사를 하시면서 목이 메어 말씀을 잇지 못하셨습니다. 그 광경을 보면서 자리에 있던 모든 사람들의 마음이 아픔으로 물결쳤습니다.

이제 이 나라는 진정으로 지역을 뛰어넘고 세대를 뛰어넘고 색깔을 뛰어넘는 지도자를 기다리고 있습니다. 대한민국 전체를 아우를 수 있는 지도자 그가 진정한 용장이며 덕장이며 지장입니다.

약장(弱將) 밑에 용병이 있기도 어렵지만 명장 밑에 약병이 있을 수는 없습니다.

'나쁜 오케스트라는 없습니다. 그저 나쁜 지휘자가 있을 뿐입니다.' 이 말은 한스 폰 뷜로가 한 말입니다.

박정희 대통령이 등장할 때까지 우리나라 국민이 정말 못나고 게을러서 못살았던 것은 아닙니다. 훌륭한 지도자를 만나지 못했던 것입니다. 지금 나라가 이렇게 뒤죽박죽이 되고 있는 것은 국운(國運)이 쇠하여진 것이기 때문이 아니라 지도자다운 지도자를 만나지 못했기 때문입니다.

오늘 한국교회가 이렇게 소란하고 시끄러운 것은 진정한 교계지도자를 만나지 못했기 때문입니다. 그래서 주기철, 손양원 한경직 목사님이 그리운 시대라고 합니다. 목사가 없어서가 아닙니다. 장로가 없어서가 아닙니다. 교회가 없어서가 아닙니다. 그 어느 때보다 목사, 장로, 교회가 넘칩니다. 그런데 교회는 시끄럽고 교인들은 교회를 떠나고 있습니다.

『설원(說苑)』이라는 이야기책에 '절영지회(絕纓之會)' 라는 말이 나옵니다. 이는 갓끈을 끊고 노는 잔치라는 뜻입니다.

고대 중국 초나라에 장왕(楚 莊王)이라는 지도자가 있었습니다. 어느 날 장왕은 반란군 진압을 기리며 군신을 불러 이른바 태평연(太平宴)을 열었습니다. 낮부터 시작한 연회가 밤까지 이르러도 그칠 줄을 몰랐습니다.

장왕은 사랑하는 애희(愛姬)에게 분부하여 모든 대부에게 술을 따르도록 하였습니다. 미인이 잔을 따르자 모든 대부는 다 일어서서 잔을 받는 중 갑자기 바람이 불어 장내의 촛불이 일시에 꺼졌습니다. 그 때 한 대부의 억센 손이 여인의 허리를 슬며시 끌어안았습니다. 어둠속에서 여인은 대부를 밀치고 그의 관(冠)끈을 잡아당겨 끊었습니다. 왕의 애희(愛姬)는 다시 제 자리에 돌아와 초장왕의 귀에다 입을 대고 사실을 알립니다.

"여차여차하여 대부의 관끈을 끊었으니 속히 불을 밝히고 관끈이 없는 자를 찾아 벌을 주십시오."

초장왕은 황급히 분부하기를 "불을 밝히지 마라. 경들은 우선 거추장스런 관끈부터 끊고 진탕 마시라. 관끈을 끊지 않은 자는 과인과 함께 즐기기를 거역하는 것이라 여기겠노라."

모든 문무백관이 관끈을 끊자 그제야 초장왕은 불을 켜게 했습니다. 그러자 허희가 항변을 합니다. 초장왕은 애희(愛姬)의 항변에 이렇게 말했습니다.

"누구나 취하면 탈선하는 것이 인지상정(人之常情)이다. 그대의 절개만 생각하고 그 대부를 찾아내어 처벌하면 이 잔치의 뜻이 없지 않은가?"

그래서 그 잔치를 절영지회(絕纓之會)라 하게 되었습니다.

이후에 장왕이 대군을 동원하여 정(鄭)나라를 칠 때였습니다. 장수 '당교'가 작은 나라를 치는데 어찌 대군을 동원하느냐며 군사 백명만 주면 자신이 길을 트겠다 하여 목숨을 걸고 돌격하여 정나라 군사를 무찔러 대승을 거두었습니다. 장왕이 정군을 물리친 '당교' 장군을 불러 상을 주려하자 장군이 이렇게 말했습니다.

"신은 이미 왕께 너무나 큰상을 받았습니다. 신은 그 은공을 갚고자 목숨을 내 놓고 이번 전투에 임했을 뿐입니다."

그러면서 절영회 때 왕의 애희를 희롱한 장본인이 자기라고 고백을 했습니다. 장왕이 감탄을 하며 제일 공로자로 기록을 하게하고 '당교'에게 높은 벼슬을 줄려고 작심을 했습니다. 그런데 그날 밤 당교는 어디론가 종적을 감추고 말았습니다. 그가 떠나기 전에 친구에게 말하기를 "나는 왕에게 죽을죄를 지었다. 왕이 나를 죽이지 않았기에 나는 그 은혜를 갚고자 했을 뿐이다. 죄인이 어찌 다음 날 상을 받을 수 있으리오."

이 말을 전해들은 장왕이 탄식했습니다.

"그는 참으로 열사(烈士)다."

장왕에게는 약졸이 없었습니다.

이번 본문은 참으로 가슴 먹먹한 감동이 있는 내용으로 기록되어 있습니다. 8절에서 마지막 39절까지의 내용은 온통 다윗과 함께 하며 충성을 다했던 장군들의 이름들이 장황하게 열거되고 있습니다. 그 8절의 시작이 이렇습니다.

"다윗의 용사들의 이름은 이러하니라."

성경에 그들의 이름을 기록하는 것은 그 후손들에게 그들의 희생과 충정을 기억하게 하기 위함입니다. 한 마디로 역사에 남는 이름들입니다.

다윗은 고백합니다. 이스라엘의 제 2대왕이 되어 40년 동안 그가 통치할 때 정치적 안정과 경제성장을 이루었던 것, 영토를 넓히고 백성을 평안하게 할 수 있었던 것, 그것은 왕을 위해 싸우는 용사들이 있었기 때문이라고 이름을 소개하고 있습니다.

먼저 기록된 세 사람의 용사가 있습니다. '요셉 밧세벳'과 '엘르아살' 그리고 '삼마' 이 세 사람은 다윗왕국을 세움에 있어서 혁혁한 전과를 올린 용사입니다. 용사라고 다 같은 용사는 아닙니다. 용사

중에도 대장부가 있는가 하면 졸장부도 있습니다.

그것은 교회도 마찬가지입니다. 교회를 건강한 교회로, 든든한 교회로 세워 가는데 대장부다운 교인도 있고 졸장부 같은 교인도 있습니다. 그래서 우리는 역사를 거울로 볼 줄 아는 慧眼(혜안)을 가져야 하는 것입니다.

본문 중 13절에서 17절은 특별히 주목하여 볼 내용이 기록되어 있습니다. 블레셋 군대와 싸울 때 다윗은 목이 말랐습니다. 그때 다윗은 15절에서 지나가는 말처럼 말합니다.

"다윗이 소원하여 이르되
베들레헴 성문 곁 우물물을
누가 내게 마시게 할까"

그 때에 세 용사가 나섭니다. 이때의 세 용사는 앞부분의 세 용사가 아니라 그 다음의 세 용사로 6인의 용사 중의 세 사람입니다. 그 이름은 아비새, 브나야, 그리고 익명의 뛰어난 한 용사를 가리키는 말입니다. 그런데 이들은 19절의 "첫 세 사람에게는 미치지 못하였더라."고 했습니다.

어쨌든 이 세 사람의 이야기는 예수님과 오늘 우리의 관계를 연결해 주는 놀랍고도 신기한 메시지가 있습니다.

이 세 용사는 적진으로 들어가서 블레셋 군대를 피하고 죽이면서 목숨을 걸고 물을 구하여 왔습니다. 그런데 그 물을 구해 온 세 용사의 물을 받아 든 다윗의 눈에는 그 물이 병사들의 피로 보였습니다. 그 부분이 16~17절입니다.

"세 용사가 블레셋 사람의 진영을
돌파하고 지나가서
베들레헴 성문 곁 우물물을 길어 가지고
다윗에게로 왔으나
다윗이 마시기를 기뻐하지 아니하고
그 물을 여호와께 부어 드리며 이르되
여호와여 내가 나를 위하여
결단코 이런 일을 하지 아니하리이다.
이는 목숨을 걸고 갔던 사람들의
피가 아니니이까 하고
마시기를 즐겨하지 아니하니라
세 용사가 이런 일을 행하였더라."

그리고 다윗은 병사들이 보는 가운데서 그 물을 하나님 앞에 쏟아부었습니다. 이 일로 병사들의 사기는 하늘을 찌를 듯 충천하였고 블레셋 군대와 싸워 승리했습니다.

윗사람을 존경하며 그를 위해서라면 목숨까지도 아끼지 않고 드리려는 충성으로 헌신했던 병사들과 그 병사들의 충정을 생각하며 아무리 목이 말라도 그들의 생명을 담보하고 길어온 물을 물로 보지 않고 그들의 생명인 피로 본 다윗의 사랑은 참으로 가슴시린 감동스토리입니다.

한 마디로 용장이요 덕장인 다윗에게는 약졸이 없었습니다. 그래서 다윗과 함께 했던 600명은 주변국을 평정하고 이스라엘을 태평성대의 국가로 세우는 일등 공신들이 되었습니다.

성도들이 저에게 식사 대접을 할 때 "무엇을 드시고 싶으냐?"고 물으면 오래 전부터 저는 항상 "된장찌개"라고 대답을 했습니다. 그래서 담임목사의 음식 기호(嗜好)는 된장찌개가 되었습니다.

그런데 정작 제가 가장 싫어하는 것이 된장찌개였습니다. 된장찌개는 어릴 때 가난으로 인한 가장 아픈 기억으로 마음에 각인 되어 있기 때문입니다.

그럼에도 된장찌개가 좋다고 한 것은 우연히 한 집사님의 기도를 듣고 난 후였습니다.

97년 IMF 때 새벽기도 시간에 하나님 앞에 절규하듯 부르짖던 기도 "하나님 한 달에 1만원이라도 좋으니 십일조를 하게 해 주세요." 하던 그 기도를 들은 후였습니다. 모두가 참으로 어려운 시간을 지나왔습니다. 그 후 나는 성도들의 식사 대접을 받을 때마다 메뉴로 된장찌개를 주문했습니다.

나중에야 이 사실을 알게 된 성도들은 모두가 눈물을 흘렸습니다. 그리고 너도 나도 솔선하여 일상에서 근검절약하며 나누고 공유하는 소리 없는 아름다운 공동체로 우리교회는 바뀌어가기 시작했습니다. 그리고 오늘 이렇게 좋은 교회가 되었습니다.

살아가면서 '함께 한다'는 것을 느낄 때 서로에게 힘이 됩니다. 그리고 모든 것이 아름답게 하모니를 이루게 됩니다.

오늘 주님은 우리에게 이런 관계를 기대하고 계십니다. 목숨을 건 충성스러운 주님의 용사를 바람하시는 것입니다. 내게 필요할 때는 앞으로 나서고 내게 손해가 되겠다 싶으면 뒤로 물러나는 성도가 아니라, 주님의 영광을 위해서라면 죽으면 죽으리라는 마음으로 앞으로 나아가는 성도를 찾으십니다. 그 이름은 반드시 역사에 남겨집니다. 주님의 역사에, 주님의 기억하신 바가 됩니다.

전국 교회를 다니면서 말씀 사역을 하다보면 부흥하고 평안한 대부분의 교회는 반드시 공통점이 있었습니다. 그 공통점은 교회를 부흥하고 평안하게 한 주역들이 있다는 것입니다. 또한 반대로 교회를 시끄럽게 하고 부끄럽게 만드는 주역들 또한 있었습니다. 그리고 그 이름들은 반드시 그 교회의 역사에 그대로 기록되어 지는 것을 보았습니다.

사무엘상 7장에는 에벤에셀 기념비 이야기가 기록되어 있습니다. 하나님은 이를 기억하라 하셨습니다.

여호수아 4장에는 여호수아 장군이 요단강을 건널 때 강물이 멈추게 하여 이스라엘 백성들이 건넌 사건이 있습니다. 하나님은 이것을 기억하라고 하셨습니다.

신명기 6장에는 이와 같은 하나님의 말씀을 기억하라고 기록하고 있습니다.

언제부터인가 우리 국민들은 역사를 잊어버리기 시작했습니다.

일제의 압제에서 해방을 얻기까지 생명을 바치고 피눈물을 흘린 독립투사들의 헌신과 희생의 역사를 잊어가기 시작했습니다. 공산주의의 치가 떨리는 만행에서 자유대한민국을 지켜낸 호국선열들을 잊어가기 시작했습니다. 세계에서 가장 가난한 나라의 3위였던 대한민국을 세계 10대 경제 강국으로 올라서게 한 그 역사의 주인공들을 잊어가고 있습니다.

그리고는 공산주의자들이 외치는 허울 좋은 분배이론만을 앞세워, 소위 복지라는 좋은 이름을 앞세워 국기마저 흔들리게 하는 정책을 봇물처럼 쏟아내는 나라가 되어가고 있습니다. 국민들은 그 정책에 흔들리며 춤을 춥니다.

오늘의 대한민국에서 자유롭게 신앙생활을 할 수 있도록 순교의 피를 삼천리 방방곡곡에서 쏟은 순교자들의 믿음을 잊어가고 있습니다.

무엇보다 나를 살리기 위하여 십자가에서 고난 받고 죽으시고 부활하사 우리에게 영원한 생명과 부활의 소망을 주신 예수님의 은혜와 사랑을 잊어가고 있습니다.

그러면서 너나없이 내가 충신이요 내가 진정한 애국자요 내가 교회를 부흥케 한 주인공이라고 자화자찬을 하는 기막힌 착각의 시대, 어둠의 시대가 되어가고 있습니다. 이러한 현상은 가장 가슴 아픈 오늘의 카오스 현상입니다.

그래서 주님은 성경을 통해 근신하여 정신을 차리라고 말씀하신 것입니다.

예수님은 지구촌의 가장 위대한 용장이며 지장이며 덕장입니다. 용장 밑에 약졸은 없습니다. 그러므로 우리 그리스도인에게 약졸은 없습니다. 성도는 죽으면 죽으리라는 주님의 군사이며 주님을 기쁘시게 하는 하나님 나라의 용병입니다. 이 복을 받으신 여러분의 삶을 예수님의 이름으로 축복합니다. 아멘!

16
무엇을 의지합니까?

"왕의 명령이 요압과
군대장관들을 재촉한지라
요압과 장관들이 이스라엘
인구를 조사하려고"
〈사무엘하 24:1~9 중〉

2012 런던올림픽이 종반으로 들어섰던 때였습니다. 우리 선수들의 승전보는 예상보다 더 좋게 들려오고 국민들은 여름 밤잠을 설쳤습니다. 그 때 일희일비(一喜一悲)의 탄성이 전 세계 안방으로 생생하게 전달되는 것을 보면서 많은 것을 생각했습니다. 선수들의 기량은 정말 종이 한 장의 차이도 아닌데 메달 색깔에 있어서의 그 가치는 하늘과 땅만큼의 차이를 갖는다는 것을 우리는 잘 알고 있습니다.

4년 동안의 피땀 흘린 노력의 결과에 따라 울고 웃는 선수와 코치들의 표정은 그야말로 천태만상입니다. 특히 코치들을 보면서 어쩌면 선수보다 더 많은 신경을 쓰고 희비의 감정을 경험하고 있구나 하는 생각을 했습니다.

특히 구기 종목에 있어서 작전 타임은 매우 많은 것을 시사합니다. 자기 팀이 기울어지면 작전 타임을 갖고 코치의 지도를 받은 뒤에 다시 경기를 합니다. 그러면 다시 기가 살아나면서 승리를 향해 질주 합니다.

그런 면에서 코치를 받는다는 것이 얼마나 중요한가를 새삼 생각합니다. 중요한 것은 코치가 어떤 코치를 하느냐 하는 것입니다.

각종 경기마다 코치가 있듯이 오늘을 살아가는 우리의 인생도 반드시 코치가 있습니다. 우리는 어떤 코치에게서 어떤 가르침을 받는가 생각해 보았습니다.

건강이 무너지고, 가정이 붕괴되며, 회사가 부도직전에 이르고, 삶을 포기할 상황에 이를 때 누군가 바르게 코치를 해 주어야 일어설 수 있습니다. 이럴 때 우리는 누구의 코치를 받는가 하는 것입니다.

어떻게 인생길을 걸어가야 하는가에 대한 코치를 시편 37:5에서는 이렇게 코치합니다.

"네 길을 여호와께 맡기라
그를 의지하면 그가 이루시고,
네 의를 빛 같이 나타내시며
네 공의를 정오의 빛 같이 하시리로다."

인생의 무거운 짐을 졌을 때는 또 어떻게 해야 하는가에 대하여 시편 55:22에서 이렇게 코치합니다.

"네 짐을 여호와께 맡기라
그가 너를 붙드시고
의인의 요동함을
영원히 허락하지 아니하시리로다."

사업을 비롯한 내 삶의 경영은 또 어떻게 해야 하는가에 대하여는 잠언 16:3에서 이렇게 코치합니다.

"너의 행사를 여호와께 맡기라
그리하면 네가 경영하는 것이
이루어지리라."

살아가면서 근심 걱정과 염려가 없을 수 없습니다. 이런 경우는 어떻게 해야 하는가를 베드로전서 5:7을 통해 이렇게 코치합니다.

"너희 염려를 다 주께 맡기라
이는 그가 너희를 돌보심이라."

환난을 당하여 도움이 절실히 필요할 때 무엇을 어떻게 해야 하는가도 코치를 받아야합니다. 그것은 시편 115:9에서 이렇게 코치합니다.

"이스라엘아 여호와를 의지하라
그는 너희의 도움이시오
너희의 방패시로다."

어디 이 뿐이겠습니까? 최고의 코치의 약속이 성경 66권에 기록되어 있습니다.

경기를 뛰는 선수는 코치의 지도를 받으면 분명히 승리에 이를 수 있습니다. 그러나 코치의 지도를 무시하고 제멋대로 하는 선수는 승리의 관을 쓸 수 없습니다.

신앙과 삶에서도 그것은 예외가 아닙니다. 우리의 보다 나은 삶을 위하여 코치의 지도를 받는 성도의 삶은 승리의 면류관을 쓰지만, 코치의 지도를 무시하고 제멋대로 신앙생활을 하는 사람은 마지막에 웃는 일이 거의 없습니다. 그것은 진리입니다.

이번 본문은 그것을 잘 설명하고 있습니다. 참으로 귀중한 교훈을 본문은 우리에게 일깨워 주고 있습니다.

누구나 그렇지만 본문의 다윗도 어렵고 힘들 때가 너무 많았습니다. 환난을 당할 때도 많았습니다. 그럴 때는 오직 하나님의 코치를 받았습니다. 그리고 그의 순종은 항상 승리의 깃발을 올렸습니다.

그렇게 만사가 형통한 시절이 오래 지속되면서 다윗의 신앙과 삶도 예외 없이 느슨해지기 시작했습니다.

이제까지의 다윗의 모든 범사의 축복은 하나님의 코치를 받으므로 가능했습니다. 그런데 이 본문에서는 다윗이 이제 하나님의 코치를 받지 않아도 되겠다는 오만함에 빠진 것을 볼 수 있습니다. 그것이 무엇인가 하면 난데없는 인구센서스를 하려고 하는 것이었습니다.

골리앗 앞에 섰을 때의 목동 다윗은 아무것도 아닌 작은 존재였고 골리앗은 큰 존재였습니다. 그것이 느껴졌을 때 다윗은 하나님의 코치대로 했습니다. 그리고 하나님을 의지하고 나아가 그 거대한 골리앗을 단숨에 꺾고 이겼습니다.

그런데 이제 다윗은 더 이상 어린 목동 다윗이 아니라는 자만심에 차 있습니다. 모든 것이 형통합니다. 모든 것이 넉넉합니다. 그 무엇에도 부족함이 없습니다. 이런 상황이 되자 이제 다윗은 자신이 골리앗과 같은 거인이 된 것 같았습니다. 그리고 바라다 보이는 모든 주변이 어린 시절의 초라한 다윗처럼 느껴지기 시작한 것입니다.

기억하시기 바랍니다. 이런 오만함은 다윗에게만 찾아오는 것이 아닙니다. 오늘을 살고 있는 우리가 바로 그런 모습을 한다는 것을 하나님은 다윗을 통하여 깨우쳐 주고 계십니다.

이런 즈음에 이른 다윗의 삶이 어떤가를 함께 살펴보겠습니다. 여러분의 모습을 비추어보시기 바랍니다.

하나님의 코치가 이제 더는 필요 없다고 생각되니 가장 먼저 기도를 하지 않습니다. 말씀도 묵상하지 않습니다. 그러니 하나님은 멀찌감치 밀어내고 그 자리에서 어느새 자기만이 드러나게 되었습니다. 참으로 무서운 일입니다.

이렇게 되면 필연적으로 따라오는 것이 있습니다. 곧 바로 사단이 그 마음을 키질하는 것입니다. 다윗이라고 예외겠습니까? 아닙니다. 그의 마음도 사단의 초원이 되어 사단이 거닐며 키질을 시작했습니다. 얼마나 달콤하게, 그럴 듯하게 추켜세우며 속삭이는지 볼까요? "네 나라가 얼마나 강한지 한 번쯤 확인해 봐라." 하고 속삭입니다. 이 사단의 속삭임인 본문 1절은 여간 난해하게 기록된 구절이 아닙니다.

"여호와께서 다시 이스라엘을 향하여 진노하사
그들을 치시려고 다윗을 격동시키사
가서 이스라엘과 유다의
인구를 조사하라 하신지라."

24장 전체의 내용을 이 구절만으로 보면 하나님께서 인구조사를 하라고 말씀하시고는 순종한 다윗을 징계하시는 내용입니다. 분명히 이 인구조사는 하나님께서 다윗을 감동시켜서 이루어진 것이라고 시작되어 있습니다.

이를 바르게 이해하기 위해서는 긴 시간의 설명이 필요하지만 간단하게 요약하겠습니다.

이스라엘 백성들의 하나님 앞에서의 범죄가 있었습니다. 하나님은 그 범죄에 대한 징계를 하시고자 하셨습니다. 그리고 그 징계의 수단으로 다윗을 사용하시는데 사단을 통해 그의 마음을 교만하게 하시고 우쭐해진 다윗이 군대의 수를 계수하게 하셨습니다. 이 내용을 역대기상 21:1에서는 이렇게 기록하고 있습니다.

"사탄이 일어나 이스라엘을 대적하고
다윗을 충동하여
이스라엘을 계수하게 하니라."

이제 명확해지지요? 분명히 사단이 일어나 다윗을 충동하여 계수하게 했다는 것입니다. 본문 1절은 이것을 하나님께서 묵인하셨다는 것입니다. 그것이 원문의 뜻입니다.

우리가 여기서 깨닫는 것은 인간사의 모든 희비의 상황은 하나님의 섭리 안에서 일어난다는 것입니다. 그것을 받아들이는 것이 믿음입니다. 이것을 깨달을 때 승리의 자리에서는 교만하지 않을 수 있고 실패의 자리에서는 좌절하지 않을 수 있습니다.

그리고 본문에서 다윗은 하나님을 의지하지 않고 자신의 현실적 상황을 의지함으로 마침내 하나님의 진노를 사게 되었습니다.

이것이 이 본문의 주제입니다. 이러한 본문의 전반적인 흐름을 살펴서 정한 오늘의 말씀 제목이 '무엇을 의지합니까?'가 된 것 입니다.

서론에서 말씀 드렸지만 결론은 하나님을 의지해야 합니다. 그것이 사는 길이며 축복의 길입니다. 요한복음 15:5 말씀을 함께 보겠습니다.

"나는 포도나무요 너희는 가지라
그가 내 안에, 내가 그 안에 거하면
사람이 열매를 많이 맺나니
나를 떠나서는 너희가
아무 것도 할 수 없음이라."

이보다 더 분명하게 보장된 약속이 무엇이 더 있겠습니까. 그리스도인은 하나님을 의지하고 예수님께 붙어 있어야 사는 것입니다. 하나님을 떠나서는 아무 것도 할 수가 없습니다.

본문의 인구센서스의 내용을 분석해 보며 다윗의 인본주의가 드러납니다. 그는 단순히 남녀노소 국민의 수를 계수한 것이 아니라 전쟁에 나가 싸울 수 있는 사람을 계수했습니다.

이제까지의 모든 전쟁의 승리가 다윗의 지략과 전략이었습니까?

아닙니다. 천만번 헤아려 보아도 모두가 하나님의 작전이었습니다. 그리고 다윗은 그 작전 명령에 순종하여 나아감으로 승리를 거두었습니다.

그런데 다윗의 마음을 사단이 교만하도록 키질했습니다. 너의 강한 군대가 얼마나 되냐? 정말 대단하다는 것입니다. 다윗은 정말로 '나의 군대가 얼마나 될까?' 헤아려 보고 싶어집니다. 내가 소유한 힘의 정도를 가늠해 보고 싶습니다. 그렇게 달콤한 유혹에 마음이 흔들렸습니다. 그리고 싸울 수 있는 군대수를 계수합니다. 이것이 화근이었습니다.

이 일이 하나님 앞에 옳지 못한 것을 안 사람이 있었습니다. 그는 다윗의 군대장관 요압이었습니다. 그래서 그는 다윗에게 충고를 합니다. 그의 충언이 얼마나 믿음 있는 말들인지 기특합니다. 모두 함께 본문 24: 3의 말씀을 보겠습니다.

"요압이 왕께 고하되
이 백성은 얼마든지 왕의 하나님 여호와께서
백배나 더하게 하사
내 주 왕의 눈으로
보게 하시기를 원하나이다
그런데 내 주 왕은 어찌하여
이런 일을 기뻐하시나이까 하되"

이렇게 간곡한 요압장군의 말이 다윗의 귀에 들리지를 않았습니다. "왕의 하나님 여호와께서" 라고 간언합니다. 이런 일을 하면 안 된다고, "어떻게 내 주 왕께서 이런 일을 기뻐하십니까?" 해도 안 듣습니다. 마음이 완전히 '뭔 소리여? 시키면 시키는 대로 할 것이지 뭔 말이 많아?' 하고 닫혀 버렸습니다.

그리고 재촉을 하며 인구조사를 명령합니다. 요압과 군대 장관들은 무려 9개월 20일 동안에 걸쳐 인구센서스를 합니다. 그리고 군사의 수가 130만 명이 됨을 계수했습니다.

우리나라 군대가 60만에서 좀 줄었는데 당시 다윗의 군대수가 130

만 명이니 그 수가 얼마나 대단한가는 짐작하고도 남음이 있습니다. 이 정도의 세력을 가진 다윗이었으니 그 마음을 사단이 키질하게 된 것입니다. 그리고 다윗도 기도와 말씀에서 멀어져 있었던 지라 그만 마음이 우쭐하여 사단의 키질에 넘어간 것입니다.

어쩌면 별 것도 아니라고 생각할 수 있는 이 인구 센스서의 결과는 엄청난 재난을 불러왔습니다. 돌이킬 수 없는 하나님의 징계를 거국적으로 받게 된 것입니다.

이 사건은 다윗에게만 일어나는 것이 아닙니다. 오늘을 살아가는 우리를 깨우치시며 경고하시는 하나님의 말씀입니다. 이 사건을 통해 하나님께서 말씀하십니다.

"너희도 이렇게 할 것이냐?"

이 준엄한 질문을 지금 저와 여러분에게 하시는 것입니다.

형편이 좋아졌다고, 이제는 이만하면 그리 남부러울 것도 없습니까? 그래서 새벽기도도 특새 때가 아니면 재단 쌓기를 접었습니까? 말씀을 읽으며 주님과 교제하기 보다는 텔레비전 연속극과 코미디 프로를 보느라 정신 줄을 놓고 있습니까?

여러분의 마음이 어디에 가 있는지 살펴보시기 바랍니다.

기억하십시오. 여러분이 누리는 모든 것을 주신 분은 하나님이십니다. 건강도, 물질도, 가정도, 기업도, 이 나라도, 여러분의 가족도, 그리고 지금 누리시는 이 모든 복도 하나님께서 주셨습니다.

자신에게 있는 모든 것이 하나님께서 주신 것이건만 인간은 마치 당연히 그것을 자신이 받아 누릴 만 하다고 교만합니다. 너나없이 그렇습니다.

그러나 조심하십시오. 오늘 본문을 통해서 하나님께서는 그렇게 해서는 안 된다는 것을 우리에게 강하게 말씀하고 계십니다. 질문형으로 하나님 편에서 다시 말씀드립니다.

"너희도 그렇게 하겠느냐?"

이 말씀이 베드로에게 들리던 새벽 닭 울음소리가 되기를 축복합니다. 비록 주님을 모른다고 부인하며 범죄한 베드로였지만 새벽닭 울음소리를 듣고 회개한 것처럼 본문의 이 사건이 오늘을 살아가는 우리에게 새벽닭 울음소리가 되기를 예수님의 이름으로 간절히 권고 합니다.

십일조는 하나님의 몫입니다.

그런데 그것을 사단이 우리의 마음을 키질해서 자기 몫이라고 생각하게 하고 조금도 두렵고 떨리는 맘 없이, 죄송한 마음도 없이 그냥 사용합니다.

본문의 이 사건의 결과는 하나님께서 다윗에게 3가지 징계 방법을 제시하시며 "이 중에 한가지를 네가 택하라."고 하셨습니다.

이런 상황이 우리 교회 성도님들께는, 이 말씀을 읽고 있는 여러분들께는 발생하지 않기를 예수님의 이름으로 축복합니다.

교만하지 맙시다.

이만하면 됐다 하는 순간에 사단이 키질을 합니다. 그렇게 되면 하나님께서 다윗을 방임하신 것처럼 우리도 간과하실 수 있습니다. 그때 인간적인 방법으로 행하다가 결국은 거기에 상응하는 징계를 선택하지 않을 수 없는 상황에 직면하게 됩니다. 그리고 "이 중 어떤 벌을 받을래? 네가 택하라."고 하실 때는 이미 빠져 나갈 길이 없습니다.

창세기 13장의 아브라함이 의지한 것은 하나님의 약속이었습니다. 그러나 롯이 의지한 것은 보기에 너무도 좋은 소알의 기름진 땅이었습니다. 결과는 영원한 기업의 근원으로 아브라함은 복을 받았습니다. 그러나 롯이 누리던 그 모든 것은 하늘에서 쏟아진 유황불에 잿더미가 되고 겨우 목숨만 구원을 받았습니다.

삼손이 하나님을 의지했을 때는 짐승의 턱뼈 하나로 3천 명의 블레셋 군대를 가볍게 물리쳤습니다. 그러나 눈에 고운 들릴라에게 마음을 빼앗겨 의지하고 누웠을 때는 두 눈이 뽑히고 짐승처럼 맷돌을 돌리다 다곤 신전과 함께 쓰러져 죽임을 당했습니다.

웃시야가 하나님을 의지할 때는 나라가 강성하고 태평성대를 이루었습니다. 그러나 그 마음이 교만하여 자기를 의지할 때에는 나병이 발하여 비참한 말년을 보내야 했습니다.

그들의 살아간 걸음이 동화가 아닙니다. 꾸며낸 이야기가 아닙니니다. 하나님은 그들의 삶을 우리 앞에 역사의 거울로 비춰 보게 하셨습니다. 그러시면서 우리는 깨닫고 그렇게 저주의 인생을 사는 불쌍한 자들이 되지 말라고 당부하고 계십니다.

재물을 의지해서도 안 됩니다. 잠언 11:28 말씀입니다.

"자기의 재물을 의지하는 자는
패망하려니와
의인은 푸른 잎사귀 같아서
번성하리라."

인생을 의지할 것은 더욱 아닙니다. 이사야 2:22입니다.

"너희는 인생을 의지하지 말라
그의 호흡은 코에 있나니
셈할 가치가 어디 있느냐."

하나님께서 주시는 축복에 이르는 말씀이 있습니다. 신명기 30:20입니다.

"네 하나님 여호와를 사랑하고
그의 말씀을 청종하며 또 그를 의지하라.

그는 네 생명이시요 네 장수이시니
여호와께서 네 조상 아브라함과 이삭과 야곱에게
주리라고 맹세하신 땅에 네가 거주하리라."

첫째는 '하나님을 사랑하라' 입니다.
둘째는 '그 말씀을 순종하라' 입니다.
셋째는 '하나님을 의지하라' 입니다.

왜 그리하라고 하십니까?

그것이 생명이며 장수이며 또한 땅에서의 축복이기 때문에 그리하라는 것입니다. 하나님을 의지하는 자에게 주시는 약속이 시편 115:9에 또 있습니다.

"… 여호와를 의지하라
그는 너희의 도움이시오
너희의 방패시로다."

도울 힘도 없는 것을 의지하는 것은 어리석은 짓입니다. 하나님께서 우리의 도움이시며 환난을 막아 주시는 방패이십니다. 아멘!

지난 해 뉴욕 할렐루야 대회 강사로 갔습니다. 그곳에서 언론에 대한 축복을 하면서 '축복받은 기독언론은 '피알'을 잘합니다. 피알이 무엇이냐 하면, 피할 것은 피하고 알릴 것은 알리는 것입니다.' 라고 했더니 모두가 박장대소를 하고 웃으면서 고개를 끄덕였습니다.

예, 그것이 기독교 언론입니다. 그런데 언제부터인가 기독언론이라고 하면서도 피할 것을 피하지 않고 더 알리고, 알릴 것은 알리지 않고 덮어버리는 것이 지금의 현실입니다.

이렇게 변질되어 가면 일반 언론과 기독 언론의 차이가 무엇이겠습니까? 세상의 언론들과 기독 언론의 차이가 어디에 있느냐 말입니다. 참으로 안타깝습니다.

부흥하고 평안한 교회의 공통점이 무엇입니까?

피할 것은 피하고 알릴 것은 알리는 교회가 평안하고 부흥합니다.

우리는 교만을 피해야 합니다. 자랑을 피하고, 내 잘난 것을 내세우는 것을 피해야 합니다. 그리고 오직 겸손한 마음으로 말씀에 순종하며 교회를 알리고 예수님을 알리는 것, 그것이 진정으로 축복받은 성도가 추구하며 살아가야 하는 삶입니다.

하나님을 의지하는 자는 복이 있습니다(시 84:12). 도울 힘이 없는 인생을 의지하면 안 됩니다(시146:3). 자기 재물을 의지하는 자는 패망합니다(잠11:28). 여호와를 의지하면 안전합니다(잠29:25).

이사야 47:10-11 말씀은 우리가 주의하여 마음에 새길 말씀 가운데 하나입니다.

"네가 네 악을 의지하고 스스로 이르기를
나를 보는 자가 없다 하나니
네 지혜와 네 지식이 너를 유혹하였음이라

네 마음에 이르기를 나뿐이라
나 외에 다른 이가 없다 하였으므로
재앙이 네게 임하리라…"

"그러나 네가
그 근원을 알지 못할 것이며
손해가 네게 이르리라
그러나 이를 물리칠 능력이 없을 것이며
파멸이 홀연히 네게 임하리라.
그러나 네가 알지 못할 것이니라."

예레미야 17:7입니다.

"그러나 무릇 여호와를 의지하며
여호와를 의뢰하는 그 사람은
복을 받을 것이라."

이렇게 여호와를 의지하는 사람이 어떻게 되는지를 8절이 말씀해 줍니다.

"그는 물가에 심어진 나무가
그 뿌리를 강변에 뻗치고

더위가 올지라도 두려워하지 아니하며
그 잎이 청청하며
가무는 해에도 걱정이 없고
결실이 그치지 아니함 같으리라."

영국이 낳은 경험주의 철학자 '프랜시스 베이컨'은 "아는 것이 힘이다."라고 갈파했습니다.

저도 힘 있게 강조하고 싶은 말이 있습니다.

"믿음은 힘의 근원이며 기적을 만든다."

이 말씀의 실상이 누가복음 5장의 사건입니다. 고기 잡는 일에 대해서는 가장 프로페셔널 한 베드로가 밤이 맞도록 자기 힘을 다하여 일했지만 얻은 것이 하나도 없었습니다. 그렇게 해안으로 돌아오는 베드로를 향하여 고기잡이에 대해서는 문외한이신 예수님이 말씀하셨습니다. "배 오른 편에 그물을 던져라!" 베드로는 그 말씀을 믿습니다. 그리고 대답합니다. "말씀에 의지하여 그물을 내리겠습니다." 말씀을 의지하고 순종한 베드로는 그물이 찢어지도록 많은 고기를 잡았습니다.

바로 그것입니다. 자신의 지식, 능력, 권력, 재물 그것은 아무 도움도 되지 못합니다.

여러분은 무엇을 의지하십니까? 무엇을 믿고 의지하며 몸부림을 치십니까? 지식과 능력, 권력과 재물을 의지하십니까? 사람을 의지하십니까?

권고 합니다. 하나님을 의지하시기 바랍니다. 하나님을 믿으시기 바랍니다.

우리의 삶의 여정에 아무것도 도움이 되지 못하는 세상 것들을 의지하지 마십시오. 오직 모든 것을 가능하게 하시는 하나님을 의지하십시오. 그것이 가장 큰 복입니다. 이 복을 받아 누리시는 성도들이 되시기를 예수님의 이름으로 축복합니다. 아멘!

17
무엇을 선택합니까?

"다윗이 갓에게 이르되 내가 곤경에 있도다
여호와께서는 긍휼이 크시니
우리가 여호와의 손에 빠지고
내가 사람의 손에 빠지지 않기를 원하노라"
〈사무엘하 24:10~17 중〉

미국의 오하이오 주립대학 의학과를 다니던 '유로 마드리아'라는 여인이 있었습니다. 이 여인은 지성과 미모를 겸비하여 미인대회까지 출전한 여학생이었습니다.

어느 날 한 청년이 그녀에게 프러포즈를 했습니다. 그 청년은 호텔 옆 구석진 조그마한 사무실에서 별 볼일 없어 보이는 사업을 하는 남자였습니다. 물론 그는 대학도 졸업을 못했고 가진 것도 없었으며 신체는 여위어 볼품도 없는 사람이었습니다.

그녀는 프러포즈를 받고 "도대체 당신 같은 남자가 나를 어떻게 보고 프러포즈를 하느냐?"고 화를 냈습니다.

퇴짜를 맞은 이 남자는 마이크로소프트사의 '빌 게이츠'였습니다.

'빌 게이츠'가 프러포즈 했던 그 여인은 어느 요트업자와 결혼을 했습니다. 그러나 후에 이혼을 하고 혼자 살고 있다고 합니다. 그녀는 세계 최고의 갑부의 아내가 될 수도 있었지만 외모로 사람을 본 한순간의 잘못된 선택으로 어쩌면 지금 후회의 눈물을 흘리고 있을지도 모릅니다.

저는 청년 시절 반공 웅변대회 및 각종 웅변대회에 참가하여 상을 휩쓸면서 박정희 대통령 당시 청와대의 초청을 받은 일이 있습니다. 그때 당시 경북지사였던 박경원 씨로부터 비서실 근무를 제안받기도 했습니다.

그러나 그 길은 신앙을 포기해야 하는 길이었기에 단호히 거절하였습니다. 주위 사람들은 저를 보며 바보라고 놀렸습니다. 그러나 저는 제 고향 교회에서 저를 바라보고 있는 50여명의 교회학교 어린이들을 포기할 수 없었습니다. 또 토요일 마다 예배당 청소를 하는 그 사역을 그만 둘 수도 없었습니다. 그 때 만약 제가 신앙의 길을 포기하고 정부쪽의 길로 갔더라면 이 손목에 수갑이 몇 번을 채워졌을지 모를 일입니다.

그러나 그 길을 버렸기에 지금 온 세계를 다니면서 하나님의 말씀, 이 복된 소식 복음을 전하면서 죽어가는 생명을 살리는 목사가 되었습니다.

인간생활의 범사는 선택의 연속입니다. 그 순간마다 무엇을 선택하느냐 하는 것은 전적으로 자신의 몫입니다. 올바른 선택을 하기 위해서는 무엇보다 하나님의 말씀에 우리는 귀를 기울여야 합니다.

솔로몬을 두고 사람들은 지혜의 모델이라고 합니다. 그것은 일천 번제를 드린 솔로몬에게 하나님께서 무엇이든지 구하는 대로 주시겠다고 하셨을 때, 솔로몬은 오직 백성들을 잘 이끌어 갈 수 있는 지혜를 달라고 합니다. 그러자 하나님은 지혜는 물론이고 구하지 않은 부귀영화까지도 더해 주셨습니다. 솔로몬이 선택한 '지혜'가 하나님의 마음을 기쁘시게 한 포상으로 그 모든 것을 더하여 주신 것입니다.

그런 전무후무한 축복의 대명사가 된 그 솔로몬이, 그 모든 것을 누리면서 잊어버린 것이 한 가지 있습니다. 그것이 옥에 티가 되었습니다. 아픔이 되었습니다. 그는 그 모든 것을 '주신 분'과 '주신 것'의 개념정리가 되지 않은 생활을 한 것입니다. 즉 주신 분 하나님을 잊어버린 것입니다.

출발이 그렇게 좋았는데, 그래서 참으로 엄청난 복을 받았는데, 그 복을 주신 분보다 주신 것들을 더 귀히 여기는 뼈아픈 선택을 했습니다. 그것이 솔로몬의 말년을 아프게 했습니다.

지금도 솔로몬을 평가하는 설교자나 말씀을 듣는 회중들은 안타깝다는 생각을 합니다. 그러나 간과하지 말아야 할 것은 그것이 바로 오늘 우리의 모습이라는 것입니다.

여호와를 경외하는 것이 지혜와 지식의 근본입니다. 그런데 사람들은 하나님께서 주신 것들에 정신을 빼앗겨 '그 지혜'를 잃어버리는데 아픔이 있습니다.

나라의 국태민안이나, 가정의 평행감축(평안, 행복, 감사, 축복), 그리고 개인의 부귀영화는 반드시 그것을 허락하신 분이 계신다는 것을 잊지 말아야 합니다. 그것이 기독교 신앙이며 축복입니다.

창세기 13:9의 말씀을 주의하여 볼 필요가 있습니다.

"네 앞에 온 땅이 있지 아니하냐
나를 떠나가라
네가 좌하면 나는 우하고
네가 우하면 나는 좌하리라."

위대한 역사의 인물, 믿음의 조상 아브라함이 사랑하는 조카 롯에게 한 말입니다. 그렇지만 오늘 우리는 이 말씀에서 하나님께서 지금 나에게 하시는 말씀을 들을 수 있어야 합니다. 즉 "네가 선택하라."는 말씀입니다.

선택에 관하여 더욱 우리가 기억할 말씀이 또 있습니다.

가나안에 정착한 이스라엘 백성들은 날이 갈수록 하나님 신앙에서 멀어지고 있었습니다. 그리고 다른 신들을 섬기려는 움직임까지 보였습니다. 이런 상황을 알게 된 여호수아가 백성들을 다 불러 모읍니다. 그리고 그들에게 하나님께서 어떤 하나님이신지를 말합니다. 그런 후 마지막으로 하나님 신앙을 강조하며 자신의 선택을 선포합니다. 여호수아 24:15 말씀을 다 같이 보겠습니다.

"만일 여호와를 섬기는 것이
너희에게 좋지 않게 보이거든

너희 조상들이
강 저쪽에서 섬기던 신들이든지
또는 너희가 거주하는 땅에 있는
아모리 족속의 신들이든지
너희가 섬길 자를 오늘 택하라
오직 나와 내 집은
여호와를 섬기겠노라."

참으로 가슴에 불이 일어나는 말입니다. 확신에 찬, 확고부동한 여호수아의 믿음의 고백입니다. "만일 여호와를 섬기는 것이 너희에게 좋지 않게 보이거든" 그렇게 생각되면 너희들 마음대로 해 보라는 말입니다. 그러나 자신은 확신한다는 것입니다. 자신은 물론 자신의 가정은 다른 여지없이 "오직 나와 내 집은 여호와를 섬기겠노라."는 것입니다. 그 이상도 그 이하도 그 어떤 다른 선택도 없다는 단언입니다.

이것이 오늘 저와 여러분의 신앙고백이 되기를 예수님의 이름으로 축복합니다. 이 신앙이 확고부동할 때 사드락과 메삭과 아벳느고가 외쳤습니다. 다니엘 3:16 ~17입니다.

"사드락과 메삭과 아벳느고가
왕에게 대답하여 이르되
느부갓네살이여

우리가 이 일에 대하여
왕에게 대답할 필요가 없나이다.
왕이여
우리가 섬기는 하나님이 계시다면
우리를 맹렬히 타는
풀무 불 가운데에서
능히 건져내시겠고
왕의 손에서도 건져내시리이다.
그렇게 하지 아니하실지라도
왕이여 우리가 왕의 신들을
섬기지도 아니하고
왕이 세우신 금 신상에게
절하지도 아니할 줄을 아옵소서."

결과는 어떻게 되었겠습니까?

그들은 일곱 배를 뜨겁게 한 풀무에 던져졌습니다. 그러나 그들은 그 맹렬한 풀무불속에서도 머리털 하나 그을리지 않고 구원함을 받았습니다. 이 사실 앞에 놀란 느부갓네살 왕은 다니엘 3:28에서 이렇게 선포합니다.

"느부갓네살이 말하여 이르되
사드락과 메삭과 아벳느고의 하나님을

찬송할지로다.
그가 그의 천사를 보내사
자기를 의뢰하고
그들의 몸을 바쳐 왕의 명령을 거역하고
그 하나님 밖에는
다른 신을 섬기지 아니하며
그에게 절하지 아니한 종들을
구원하셨도다."

할렐루야!

하나님을 만나면 이렇게 사람이 변하는 것입니다. 이방족속의 왕이 살아계신 하나님을 증거하고 있습니다. 그리고 조서를 내려 몇 가지 조치를 합니다.

첫째, 이스라엘의 하나님께 경솔히 말하지 말라.

둘째, 만일 그렇게 하면 몸을 쪼개고 집을 거름 터로 삼는다.

셋째, 바벨론 지방에서 사드락과 메삭과 아벳느고를 더욱 높인다.

참으로 놀라운 일입니다. 꿈도 꾸지 못한 어마어마한 명령입니다. 다니엘 3장은 이렇게 하나님의 살아계심을 드러내고 하나님께 영광을 돌리며 장엄하게 끝납니다.

여러분은 오늘을 살아가면서 하나님을 믿는 성도로서 만약 이와 같은 상황에 처하게 된다면 어떤 선택을 하시겠습니까?

본문에서 보여주는 다윗의 모습을 통해 우리는 그 답의 힌트를 얻을 수 있습니다. 다윗은 자신이 인구조사를 하게 된 것이 하나님 앞에서 잘못임을 깨달았습니다. 그러자 가장 먼저 하나님 앞에서 정직하게 자신의 죄를 고백합니다. 그리고 사죄를 구합니다. 본문 10절을 보겠습니다.

"다윗이 백성을 조사한 후에
그의 마음에 자책하고
다윗이 여호와께 아뢰되
내가 이 일을 행함으로
큰 죄를 범하였나이다.
여호와여 이제 간구 하옵나니
종의 죄를 사하여 주옵소서.
내가 심히 미련하게 행하였나이다."

하나님은 다윗의 이 회개 기도를 받으셨습니다. 그리고 조치하시는 내용 중에 간과하면 안 될 중요한 말씀이 11절에 있습니다.

"다윗이 아침에 일어날 때에
여호와의 말씀이 다윗의 선견자 된
선지자 갓에게 임하여 이르시되"

"다윗의 선견자 된 선지자 갓"

우리는 이 말씀에 얼마나 중요한 메시지가 들어있는가를 깨달아야 합니다.

하나님은 어떤 일을 행하실 때 항상 선견자를 통해서 역사 하셨습니다.

사울에게도 하나님은 선견자 사무엘을 비롯하여 당대의 많은 선견자들을 보내시며 말씀하셨습니다. 그러나 사울은 선견자의 말을 하나님의 말씀으로 받지 않았습니다.

하지만 다윗은 항상 자신을 일깨우는 선견자의 말을 하나님의 말씀으로 받아들임으로써 위대한 성군이 되어 갔습니다. 밧세바 사건 때의 나단 선지자를 통한 하나님의 깨우치심에도 다윗은 즉시 낮아지며 회개했습니다.

또한 이 본문의 범죄 사건과 관련해서도 지도하는 갓 선지자의 깨우침을 따라 회개합니다. 그리고 자신을 낮추고 겸비한 자세로 하나님 앞에 나아갔습니다.

깨우쳐주시는 하나님의 말씀 앞에서의 즉각적인 회개와 겸비, 이것이 바로 신앙인의 참 모습입니다.

갓을 보내어 말씀하시는 하나님의 말씀은 다윗에게 너무도 가슴 아픈 내용입니다. 하나님 앞에서 교만하여 인구조사를 한 다윗에 대하여 하나님께서 징계를 하시겠다는 것입니다. 그 징계가 하나님께서 임의로 하시는 것이라면 달게 받으면 되는 것이 다윗의 입장입니다.

그런데 하나님은 오히려 징계의 세 가지 유형을 보이시며 그 중에 하나를 다윗으로 하여금 선택하라고 하십니다. 선택의 기회가 주어졌다고 경중을 가릴 수 있는 내용의 것이 아닙니다. 어느 것 한 가지도 결코 가벼운 것이 없습니다.

그래서 다윗은 힘들고 고통스러운 것입니다. 그 세 가지는 다음과 같습니다.

첫째는 이스라엘에 7년 기근이 있게 할 것인가?

둘째는 다윗이 대적에게 3개월을 쫓겨 다닐 것인가?

셋째는 이스라엘에 3일 온역이 있게 할 것인가?

이것은 다윗을 징계하실 하나님의 회초리입니다. 기근의 회초리, 칼의 회초리, 열병의 회초리입니다.

참 마음이 아픕니다. 태평성대에 더욱 하나님 앞에 감사하고 경외하는 마음을 가졌으면 얼마나 복된 역사를 기록하겠습니까. 그런데 그만 다윗은 잠깐의 교만으로 이런 회초리를 맞아야 하는 사건을 초래했습니다.

이 사건은 다윗 시대의 그에게서 끝나는 것이 아닙니다. 오늘을 살아가는 저와 여러분에게 이 역사적 사실을 통해 경고하시는 하나님의 메시지입니다. 즉 우리도 예외가 아니라는 말씀입니다.

드러난 상황은 다윗의 범죄입니다. 그러나 그 내면에 흐르는 범죄에 대한 하나님의 진노는 분명히 1절 말씀에 “이스라엘을 향하여 진노하사”라고 되어 있습니다. 이로써 이 징계는 하나님 앞에서 이스라엘 백성들이 지은 범죄 행위 때문에 내려진 하나님의 회초리라는 것을 알 수 있습니다. 즉, 백성들의 범죄 행위에 진노하신 하나님은 다윗의 교만을 통하여 징계의 과정을 진행하신 것이라는 말씀입니다.

그리고 무엇 하나도 결코 견디기 쉽지 않은 세가지 종류의 회초리를 제시하시며 다윗에게 선택하라고 하셨습니다. 이 기막힌 상황에 대하여 다윗은 놀라운 선택을 합니다. 그것이 14절입니다.

"다윗이 갓에게 이르되
내가 고통 중에 있도다.
청하건대 여호와께서는 긍휼이 크시니
우리가 여호와의 손에 빠지고
내가 사람의 손에 빠지지 아니하기를
원하노라 하는지라."

이것이 바로 다윗의 신앙이며 오늘 본문이 주는 중요한 핵심 메시지입니다. 즉 모든 것을 하나님께 맡기겠다는 신앙의지입니다. "여호와의 손에 빠지고"라는 말은 '하나님의 뜻대로'라는 것입니다. 그리고 "사람의 손에 빠지지 아니하기를"이라는 말은 '자기 뜻대로'라는 뜻인데 그리하지 않겠다는 것입니다.

예, 다윗의 마음은 언제나 그랬습니다.

사람의 손에 빠진다는 것은 사람의 도움을 통해 곤경에서 벗어나는 것을 의미합니다. 여호와의 손에 빠진다는 것은 하나님의 도우심을 통해 곤경에서 벗어나는 것을 의미합니다.

경남 거창고등학교는 기독교 명문 고등학교입니다. 강당 뒤편에는 〈직업 선택의 십계〉라는 유리 액자가 걸려 있습니다. 그 십계를 옮겨봅니다.

1) 월급이 적은 쪽을 택하라.
2) 내가 원하는 곳이 아니라 나를 필요로 하는 곳을 택하라.
3) 승진의 기회가 거의 없는 곳을 택하라.
4) 모든 조건이 갖추어진 곳을 피하고 처음부터 시작해야 하는 황무지를 택하라.
5) 앞을 다투어 모여드는 곳을 절대 가지 마라. 아무도 가지 않는 곳을 가라.
6) 장래성이 없다고 생각되는 곳으로 가라.
7) 사회적 존경을 바랄 수 없는 곳으로 가라.
8) 한가운데가 아니라 가장자리로 가라.
9) 부모나 아내가 결사반대를 하는 곳이면 틀림없다. 의심치 말고 가라.
10) 왕관이 아니라 단두대가 기다리고 있는 곳으로 가라.

이 내용은 거창고등학교 4대 전성은 교장과 5대 도재은 교장이 1980년대 초에 만든 것입니다. 전성은 장로님의 교육이념은 언제나 변함없이 "무엇이 되느냐보다 어떻게 사느냐"였습니다. 이것을 가르치기 위하여 직업 선택 10계명을 만들었습니다. 그리고 거창고등학교는 기독교 정신으로 오늘의 명문 고등학교가 되었고, 그 학교

출신들은 그 정신으로 지금도 한국과 세계 곳곳에서 아름다운 삶을 창조하고 있습니다.

그렇습니다. 거창 고등학교의 직업 선택의 십계는 성경이 가르치는 내용입니다.

넓은 길보다 좁은 길을 택하라.

세상의 것보다 하늘의 것을 택하라.

높아지려는 것보다 낮아지는 것을 택하라.

성공의 길 보다는 사랑의 길을 택하라.

물질보다는 가치를 택하라.

이 모든 것은 하나님 중심이 아니고는 불가능한 내용들입니다. 믿음의 기본자세가 갖추어질 때 가능한 삶의 내용입니다.

그리스도인이라고 하면서 주님이 가르치시는 것과는 상관도 없는 선택을 하는 사람들이 있습니다. 그런 세상적인 것들을 선택하면서 많은 사람들의 이맛살을 찌푸리게 하는 경우가 결코 적지 않습니다.

그러나 그런 것은 빌라도의 선택과 다를 바가 없습니다. 빌라도는 예수님께 죄가 없다는 것을 알았지만 정의를 택하기 보다는 권력을 선택했습니다. 올바른 판단을 포기하고 군중의 소리를 택했습니다. 양심을 포기하고 자신의 이익을 선택했습니다.

그러나 역사는 언제나 정사(正邪)를 가려내어 후대들에게 알립니다. 그것이 하나님의 섭리입니다.

요즈음도 신천지는 온 세계에 말썽을 부리는 집단이라고 언론이 보도하고 있습니다. 예수님을 잘 믿는 교인들을 대상으로 포교활동을 벌이는 그들의 말은 언제나 여러분 앞에 있습니다.

각 교회의 담임목사들은 그들의 사이비 요인을 들어 설명하면서 바른 신앙생활을 하라고 가르칩니다.

그러면 또 사이비 이단에서는 이런 저런 다른 설명을 하면서 자기들의 교리에 합류하라고 유혹을 합니다. 그들이 하는 말은 그럴 듯하게 들립니다.

그러나 모든 하나님의 성도들은 기억해야 할 하나님의 엄중한 말씀이 있습니다.

"내가 이 두루마리의 예언의 말씀을 듣는
모든 사람에게 증언하노니
만일 누구든지 이것들 외에 더하면
하나님이 이 두루마리에 기록된 재앙들을
그에게 더하실 것이요
만일 누구든지 이 두루마리의 예언의 말씀에서
제하여 버리면 하나님이 이 두루마리에 기록된
생명나무와 및 거룩한 성에 참여함을
제하여 버리시리라(계22:18-19)."

하나님의 말씀의 일점일획도 더하거나 빼는 자에게는 화가 있을 것이라는 하나님의 경고의 말씀입니다.

여러분은 무엇을 선택하시겠습니까?

그 선택의 결과에 대한 몫이 얼마나 무서운 것이든지 여러분 자신의 것입니다.

두 젊은이가 도박장을 향해 가고 있었습니다. 그런데 그들이 교회 앞을 지나게 됐습니다. 마침 교회 게시판에는 '죄의 값은 사망''이라는 설교 제목이 붙어 있었습니다. 한 젊은이는 교회로 가고 싶었습니다. 그래서 옆의 친구를 끌어당겼습니다. 그러나 다른 한 친구는 완강히 거절하며 도박장으로 갔습니다.

그로부터 30년의 세월이 흘렀습니다. 어느 날 한 죄수가 감옥에서 신문을 펼쳐든 채 엉엉 울고 있었습니다. 그날 신문에는 대통령 취임 기사로 꽉 차 있었습니다. 울고 있는 죄수는 30년 전 도박장으로 갔던 젊은이였습니다. 그리고 대통령으로 취임하는 이는 교회로 간 젊은이였습니다. 그가 바로 미국의 22대, 24대 대통령을 지낸 '그로버 클리블랜드' 대통령입니다.

이와 같은 선택은 오늘도 계속되고 있습니다. 주일에 교회로 갈 것인가, 놀러갈 것인가? 십일조를 할 것인가, 안 할 것인가? 교회 봉사를 할 것인가, 그냥 다닐 것인가?

전자는 넓은 길이고 후자는 좁은 길입니다. 분명한 것은 넓은 길은 지금은 가기가 편하고 좋다는 것입니다. 좁은 길은 지금은 가기가 힘들고 어렵습니다. 그러나 넓은 길은 갈수록 좁아집니다. 좁은 길은 갈수록 넓어집니다. 그것을 하나님의 말씀인 성경이 가르치고 있습니다.

여러분은 어떤 길을 어떻게 선택하시겠습니까?

복된 하나님의 성도 여러분, 좁은 길을 선택하시는 지혜가 있으시기를 예수님의 이름으로 축복합니다. 아멘!

18
아라우나의 타작마당

"여호와를 위하여 제단을 쌓고
번제와 화목제를 드렸더니
이에 여호와께서
그 땅을 위하여 기도를 들으시매"
〈사무엘하 24:18~25 중〉

24장의 마지막 부분이면서 사무엘하서의 결론인 오늘 역사의 현장은 아라우나의 타작마당입니다. 이곳에서 사무엘하가 끝나는 것에 대하여 깊은 묵상을 하면서 말씀을 준비했습니다.

이미 우리가 살펴본 대로 다윗 왕이 인구조사를 하자 그 일로 하나님께서 진노하셨습니다. 그리고 징계를 하실 것인데 세가지 중의 하나를 선택하라며 징계의 유형을 제시하셨습니다. 다윗은 징계를 받아도 인간을 통한 징계가 아닌 하나님의 손에 의한 징계를 원하며 3일의 온역을 선택했습니다. 그로 인해 3일 동안 단에서부터 브엘세바까지 전염병으로 죽은 이가 7만 명에 이르는 대 사건이 발생합니다.

그런후에도 징벌을 집행하는 하나님의 천사는 이제 예루살렘을 향하여 그 손을 들어 멸하려고 했습니다. 그 때에 하나님께서 그만 징벌의 손을 거두게 하십니다. 그 때 천사는 아라우나의 타작마당에서 있었습니다. 다윗은 백성을 치는 그 천사를 보고 곧 하나님께 회개하며 간청합니다. 그것이 17절입니다.

> "다윗이 백성을 치는 천사를 보고
> 곧 여호와께 아뢰어 이르되
> 나는 범죄하였고 악을 행하였거니와
> 이 양 무리는 무엇을 행하였나이까
> 청하건대 주의 손으로
> 나와 내 아버지의 집을 치소서 하니라."

다윗의 이 회개와 간구가 끝나자 선견자 갓은 다윗에게 하나님을 위하여 화목제로서의 제사를 드릴 것을 권고합니다. 그리고 제사를 드릴 제단은 '아라우나'의 타작마당이라고 합니다. 다윗은 갓 선지자의 권고를 듣자 곧바로 아라우나의 집으로 올라갑니다.

아라우나는 멀리서 다윗 왕의 일행이 자기 집으로 오는 것을 보고 황급히 마중을 나갑니다. 그리고 다윗 앞에 엎드려 절을 하며 어찌이 누추한 곳까지 친히 왕림하시는지 묻습니다. 그러자 다윗은 21절을 통해 다음과 같이 대답합니다.

> "… 다윗이 이르되

네게서 타작마당을 사서
여호와께 제단을 쌓아
백성에게 내리는 재앙을
그치게 하려 함이라 하는지라."

솔직하고도 정확하게 자신이 하려는 일을 아라우나에게 말합니다.

이 말을 들은 아라우나는 즉시 다윗이 원하는 대로 하라고 합니다. 그러면서 번제에 필요한 물품은 자신이 제공하겠다고 합니다. 즉 번제를 위해 드릴 소도 자기 집에 있고, 또한 번제를 위한 땔감 나무로는 마당질 하는 도구와 소의 멍에가 있다고 합니다. 그러면서 이 모든 것을 왕이 마음대로 사용하라는 것입니다. 기꺼이 드리겠다는 것입니다. 이 말 만으로도 그의 마음의 품새가 참으로 가상합니다. 그런데 더하여 번제를 올리는 다윗을 하나님께서 기쁘게 받으시기를 원한다는 축복까지 하였습니다.

참으로 그 인품이 보기 드문 넉넉한 사람입니다.

그러나 다윗은 자신이 왕이지만 아라우나가 제공하겠다는 모든 것을 공짜로 받지 않겠다고 합니다. 하나님께 드리는 번제를 값 없이 드릴 수 없다는 것입니다. 그러면서 다윗은 준가인 은 50 세겔로 마당과 소를 사서 하나님께 번제와 화목제를 드렸습니다.

하나님께서는 다윗의 기도를 들으시고 이스라엘에 내리는 재앙을 그치셨습니다. 이것으로 사무엘하는 끝이 납니다.

'아라우나'의 타작마당!

도대체 이곳이 어떤 곳이 길래 하나님께서는 여기서 다윗으로 하여금 번제와 화목제를 드리게 하셨을까요?

본문을 통해 오늘 우리에게 말씀하고자 하시는 하나님의 뜻을 헤아리기 전에 먼저 아라우나의 타작마당이 어떤 역사적인 의미를 갖고 있는지를 살펴보려고 합니다.

오늘 이 사건에 등장하는 인물 '아라우나'는 역대상 21:15에서는 그 이름이 '오르난'으로 기록되어 있습니다. 그런데 이들은 서로 다른 사람이 아닌 동일 인물이라는 것도 먼저 밝혀드립니다.

아라우나의 타작마당은 지리적으로 모리아 산에 있었습니다. 모리아 산은 아브라함이 이삭을 번제물로 바쳤던 곳입니다(창 22:1~19). 그리고 그 후 1000년이 지난 지금 이 다윗의 시대 오늘 이 자리에 번제와 화목제를 드릴 제단이 세워지고 있습니다. 후에 이곳은 솔로몬 시대에 성전을 건립하게 됩니다(대하3:1). 이곳은 이스라엘 백성들의 마음과 온 정신이 향하는 성전이 되었고 그 마음은 오늘날까지 이어지고 있습니다.

이러한 곳 아라우나의 타작마당 여기서 온전한 마음으로 드리는 다윗의 번제와 화목제를 받으신 하나님께서는 그날로 이스라엘에 내리신 징벌을 멈추십니다.

이와 같은 사실이 신약성경에서는 다음과 같이 연결되고 있습니다. 로마서 5:6~ 10의 내용을 보면 죄인 된 인간이 죄사함을 받을 수 있는 근거를 예표하고 있습니다. 즉 예수 그리스도께서 죄인들을 위한 대속 제물로 자신을 십자가 제단에 바칩니다. 예수님께서 화목 제물이 되신 것입니다. 이로써 인간은 하나님께로부터 죄 사함을 받을 수 있게 되었습니다. 예수 그리스도께서 화목 제물이 되심으로 죄사함을 받을 수 있는 근거를 마련해 주셨기 때문입니다. 이와 같이 오늘 이 다윗의 화목제가 바로 하나님과 인간 사이의 죄사함을 받는 예표가 되고 있는 것입니다.

이런 아라우나의 타작마당이 오늘 우리에게는 주는 메시지는 무엇일까요?

1. 아라우나의 타작마당은 자신의 죄를 깨닫고 하나님 앞에서 회개하는 것임을 교훈합니다.

앞에 있는 17절은 참으로 중요한 구절입니다. 다시 한 번 인용하여 읽어보겠습니다. "다윗이 백성을 치는 천사를 보고 곧 여호와께 아뢰어 이르되 나는 범죄하였고 악을 행하였거니와 이 양 무리는 무엇을 행하였나이까 청하건대 주의 손으로 나와 내 아버지의 집을 치소서 하니라."

다윗은 이스라엘에 내린 재앙은 자신 때문인데 그 일로 백성들이 죽어가는 것을 보니 마음이 너무 아팠습니다. 그래서 그는 하나님 앞에서 정직하게 자신의 죄를 고백하고 회개했습니다.

그래서 하나님은 용서하신다는 증표로 다윗으로 하여금 아라우나의 타작마당에서 번제와 화목제를 드리도록 하라고 갓 선지자를 통해 말씀하셨습니다.

다윗은 갓 선지자를 통한 하나님의 말씀을 듣고 번제와 화목제를 드렸습니다. 그러자 마침내 하나님께서는 이스라엘에 내리셨던 재앙을 그치게 하셨습니다. 다윗의 진정한 회개가 백성들을 살린 것입니다.

이 사건은 오늘을 살아가는 우리의 신앙과 삶에 얼마나 소중한 메시지가 되는지 모릅니다.

말씀 집회를 다니면서 보면 이와 같은 상황들을 접하게 됩니다. 그리고 전후좌우 상황을 듣고 살펴보면 그 이유와 원인은 분명히 있습니다. 그것이 바로 나는 잘못이 없다는 것입니다. 그리고 내가 하는 일은 다 맞으며 그렇기 때문에 내 뜻에 맞지 않으면 모든 것이 틀렸다는 것입니다. 그러면서 일으키는 행동이 교회를 시끄럽게 하는 것입니다.

이와 같은 사건들의 결과는 결국 자신은 물론 모든 사람들을 힘들게 합니다. 뿐만 아니라 주님의 교회를 허허벌판으로 만들어 버립니다.

내가 옳다고 고집해서 모든 것이 잘 풀리고 화목해지며 주님의 교회가 더 아름답게 세워진다면 목숨을 걸고라도 고집해야 합니다.

그러나 성경은 결코 그렇게 가르치지 않습니다.

주님 앞에서 의인은 없습니다.

목적이 '내가 옳다'가 되어서는 안 됩니다. 목적은 오직 '하나님의 기쁨'이어야 합니다. 또한 '주님의 교회의 평안'이어야 합니다.

그럼에도 안타까운 것은 대부분의 분쟁과 분열의 시작과 마침은 내가 옳다는 것이 앞서고 있다는 것입니다. 하나님의 기쁨과 주님의 교회는 그의 안중에는 없습니다. 말로는 '하나님을 기쁘시게, 교회를 평안하게' 라고 합니다. 그러나 실상 그 내용을 살펴보면 자기 자신의 생각이 옳음을 관철시키고자 하는 것뿐입니다.

하나님은 아라우나의 타작마당을 통하여 우리에게 진정한 회개와 화목을 일깨워 주고 계십니다.

2. 아라우나의 타작마당은 하나님을 기쁘시게 하는 것이 무엇인가를 가르칩니다.

23절입니다.

"왕이여 아라우나가 이것을
다 왕께 드리나이다 하고
또 왕께 아뢰되
왕의 하나님 여호와께서
왕을 기쁘게 받으시기를 원하나이다."

다윗에게 한 아라우나의 이 말은 많은 것을 깨우쳐줍니다.

다윗은 군대를 계수함으로 하나님의 마음을 섭섭하게 하였습니다. 그로 인해 이스라엘 백성들에게 내려진 징계로 7만의 백성이 죽었습니다. 이런 상황에 처한 다윗의 하나님 앞에 드리는 이 제사가 하나님을 기쁘시게 하기를 원한다는 아라우나의 축복의 말입니다.

하나님께서 진노하시면 그 앞에 누가 무엇으로 이를 당해 내겠습니까. 할 수 있는 것은 오직 하나, 하나님을 기쁘시게 하는 것뿐입니다.

무엇으로 하나님을 기쁘시게 할 수 있겠습니까?

예, 그렇습니다. 가장 먼저 해야 할 것은 자신의 잘못을 돌이켜 회개하는 것입니다. 그것이 하나님과 화목 하는 첫째입니다. 그보다 중요한 것은 없습니다.

아라우나는 그것을 알고 있었습니다. 그래서 다윗에게 제사에 필요한 모든 것은 자신이 다 제공하겠으니 제단을 쌓으라는 것입니다. 그렇게 다윗이 충심으로 통회하며 나아가 제사를 드릴 때에 오직 하나님께서는 다윗을 기쁘게 받으시기를 진심으로 기원했습니다.

하나님께서 가장 기뻐하시는 것의 구체적 개념인 화목제는 바로 오늘날의 예배입니다. 그 예배가 어떤 예배인가에 대하여 요한복음 4:23~24에서는 다음과 같이 말씀하십니다.

"아버지께 참되게 예배하는 자들은
영과 진리로 예배할 때가 오나니 곧 이 때라.
아버지께서는 자기에게
이렇게 예배하는 자들을 찾으시느니라.
하나님은 영이시니 예배하는 자가
영과 진리로 예배할지니라."

그렇습니다. 우리가 하나님 앞에 예배를 드릴 때는 영과 진리로 예배를 드려야 합니다. 영과 진리로 드리는 예배가 무엇입니까? 로마서 12:1에서 이렇게 가르쳐주고 계십니다.

"그러므로 형제들아
내가 하나님의 모든 자비하심으로
너희를 권하노니
너희 몸을 하나님이 기뻐하시는
거룩한 산 제물로 드리라
이는 너희가 드릴 영적 예배니라."

이 말씀이 무슨 뜻인지 아시겠습니까? 마태복음 5:23~24에 그 답이 있습니다.

"그러므로 예물을 제단에 드리려다가
거기서 네 형제에게
원망들을 만한 일이 있는 것이
생각나거든,
예물을 제단 앞에 두고 먼저 가서
형제와 화목하고
그 후에 와서 예물을 드리라."

화목! 예, 바로 그것입니다. 그 어떤 것도 이 화목보다 귀한 것이 없습니다. 이것 때문에 지금 다윗이 아라우나의 타작마당에서 예배를 드리는 것입니다.

화목! 이것 때문에 예수님께서 십자가에서 온 몸이 피범벅이 되어 죽으셨습니다. 이것을 깨닫는다면 우리는 오늘날 신앙생활을 하면서 교회에서 어떤 이유이든 화목해야 할 절체절명의 사명이 있다는 것을 깨닫게 될 것입니다.

바로 이것이 하나님을 기쁘시게 하는 예배입니다.

3. 아라우나의 타작마당은 진정한 섬김과 감사의 의미를 교훈합니다.

21절에서 다윗은 아라우나에게 하나님 앞에 제단을 쌓아 백성들에게 내린 재앙을 멈추게 하겠다고 말합니다.

이 말을 들은 아라우나는 22~23절에서 그렇다면 하나님의 재단에 드릴 모든 것이 자신에게 있으니 그것을 다 드리겠다고 합니다. 그렇게 다윗이 하나님 앞에 재단을 쌓음에 있어 자신도 뭔가 참예를 하겠다는 것입니다. 그리고 오직 하나님께서는 이 제사를 통해 다윗왕을 기쁘게 받으시기를 원한다고 고백합니다.

그러나 다윗은 그렇게는 안 된다고 24절에서 말합니다. 그리고 정당한 값 은 50세겔을 계산해 주고 마당과 소를 삽니다. 그렇게 재물과 재단을 정가를 주고 준비한 다윗은 준비한 제단에서 번제와 화목제를 하나님 앞에 드립니다.

하나님께서는 다윗의 그 모든 것을 기쁘게 받으시고 이 모든 재앙을 그치셨습니다.

이 내용 전체의 흐름에서 주체가 되는 것이 무엇인지 깨달으시겠습니까?

바로 진정한 섬김과 감사입니다. 또한 이렇게 하는 목적은 하나님을 기쁘시게 하는 것입니다.

목적이 정해지자 그 다음 순서는 거침없이 진행이 됩니다. 곧 일사천리로 진행이 되었습니다. 아라우나도 자기의 모든 것을 아끼지 않고 기꺼이 내놓았습니다. 그런다고 다윗이 또 그냥 넙적 거저 받지 않았습니다. 정당한 값을 지불하고 제단을 준비했습니다.

이 과정에서 빼놓을 수 없는 것이 바로 물질입니다. 아라우나와 다윗의 공동 목적이 바로 제단을 쌓는 것입니다. 그렇게 하나님 앞에 번제를 드림으로써 하나님의 진노를 풀고 백성들에게 내린 재앙을 거두시도록 하는 것입니다.

이를 위하여 아라우나는 자기의 재물을 아낌없이 기꺼이 다윗에게 내 놓았습니다. 이것은 곧 진정한 섬김입니다.

다윗은 왕이라는 자리에서 얼마든지 제공하는 이 물질을 그냥 받을 수 있었습니다. 그렇지만 정당한 가격을 지불했습니다. 이 또한 제공하려는 섬김의 마음을 배려하는 진정한 섬김입니다.

이 아름다운 모습과 마음들이 보입니까? 이 과정에서 필연적으로 연결되어 나타나는 것이 무엇인 것 같습니까?

예, 그렇습니다. 바로 감사의 섬김입니다.

목적이 하나님을 기쁘시게 하는 것이니 그 다음은 아무것도 거리낄 것도 없고 아까운 것도 없습니다. 하나님을 향한 목적을 위해서는 모든 것을 다 내놓을 수 있었습니다. 그 중심이 감사입니다.

우리교회는 이미 이 은혜 안에 있습니다. 참으로 감사합니다. 하나님의 영광이라는 목적이 정해지면 우리 교회 성도님들은 모든 것을 감사함으로 섬깁니다. 각자의 위치에서 각자의 일을 하되 서로 서로 아름다운 관계를 엮어가면서 일을 합니다. 이것이 오늘 포항중앙교회가 세계중앙에 서가는 현주소입니다. 이것이 부흥을 불러옵니다. 더욱 발전합니다. 이것이 바로 행복한 포항중앙교회의 모습입니다.

2012년 6월 2일 미국 오하이오 주(州)에서 육상대회가 열렸습니다. 이 대회에 참여한 여고생 Meghan Vogel은 1,600m 결승에서 우승을 했습니다. 그리고 한 시간 뒤 3,200m 결승전에 참여를 했습니다. 트랙을 거의 다 돌아 100m 앞 지점에 이르렀을 때였습니다. 결승지점 30m 앞에 한 선수가 쓰러져 있었습니다.

지금은 경기 중이니 그냥 달려야 합니다.

그런데 '미건 보겔'은 그러지 않았습니다. 그는 쓰러진 선수 앞에 달음질을 멈추고 섰습니다. 그리고 쓰러진 선수를 일으켜 세웠습니다. 보겔은 알고 있었습니다. 경기 중 다른 선수를 도와주면 실격처리가 된다는 것을. 그것을 알면서도 '보겔'은 그냥 지나칠 수 없었습니다. 넘어진 선수의 팔을 자신의 어깨에 둘러멘 채 반은 끌며 한 발한 발 앞으로 걸었습니다.

갑자기 일어난 이 사태에 관중들은 모두 자리에서 일어났습니다. 그리고 앞으로 걸어 나가는 두 선수에게 일제히 뜨거운 박수를 보냈습니다.

그런데 더욱 놀라운 일은 그 다음에 일어났습니다. 쓰러졌던 선수를 일으켜 세워 자신의 어깨에 걸치고 함께 걸어온 보겔은 결승선 앞에서 동료 선수의 팔을 내려 그 선수를 결승선 앞으로 자기보다 한 발 앞서 밀어 넣는 것이었습니다. 결승선 앞에서 숨을 죽이고 이 광경을 지켜보던 경기진행 요원들은 앞으로 먼저 쓰러지듯 들어온 선수를 양쪽에서 붙잡아 안았습니다.

이 광경을 지켜보던 관중들은 보겔의 의도를 알고는 우뢰 같은 박수를 보냈습니다. 자기 앞서 달리다가 쓰러진 선수를 메고 와 결승선에 내려놓으며 그 골인 지점은 스스로 통과하게 한 것입니다. 그렇게 하여 '보겔'은 3,200m 경기의 참가선수 15명 중 15등 꼴찌가 되었습니다.

관중들은 모두가 숨 막히는 전율을 느끼면서 박수갈채를 보냈습니다. 두 선수는 명백히 이 경기에서 실격되는 상황이었습니다. 그러나 대회 조직위원회에서는 두 선수 모두 경기 결과를 인정해 주기로 했습니다.

이 날의 위대한 역사를 남긴 '보겔'은 다르게 보는 눈을 가지고 있었습니다. 올림픽 정신을 뛰어넘는 지고한 통관(通觀)을 갖고 있었던 것입니다.

오늘을 살아가는 대부분의 사람들은 보이는 것을 가지려고 가히 몸부림을 칩니다. 그러기 위해서 곁에 있는 형제를 아프게 합니다. 그와 같은 삶에 가중치가 붙게 되면 미움과 원망을 합니다. 그러다가 마침내는 살인까지 저지르며 온갖 죄를 범합니다.

무서운 것은 천국의 모형이라는 교회 안에서도 보이는 것 때문에 온갖 카오스 현상이 일어나고 있다는 것입니다. 지나고 나면 아무것도 아닐 것들을 붙잡고 너나없이 소유하려고 상대방을 아프게 하면서 오늘을 살아갑니다.

하루를 보내며 무엇 때문에 그렇게 분주하고 시끄럽게 살아가는지 한 번쯤 뒤돌아보시기 바랍니다. 그리고 우리의 마음이 명경지수(明鏡止水)이기를 기도합니다.

말씀으로 자르고, 기도로 갈고, 성령으로 쪼고, 묵상으로 다듬어지는 마음, 그것을 영적 절차탁마(切磋琢磨)라 하겠습니다.

그렇게 우리는 다르게 보는 혜안(慧眼)과 영안(靈眼)을 가지고 오늘도 평행감축(平幸感祝-평안, 행복, 감사, 축복)의 삶이되시기를 예수님의 이름으로 축복합니다. 그것이 아라우나의 타작마당의 교훈을 깨닫는 오늘 우리의 삶의 내용입니다. 아멘!